博雅国际汉语精品教材
北大版长期进修汉语教材

Boya Chinese

Reading and Writing (Elementary)

博雅汉语读写·初级起步篇

李晓琪　主编

徐晶凝　编著

北京大学出版社
PEKING UNIVERSITY PRESS

图书在版编目(CIP)数据

博雅汉语读写.初级起步篇 / 李晓琪主编;徐晶凝编著.—北京:北京大学出版社,2019.1
北大版长期进修汉语教材
ISBN 978-7-301-30196-8

Ⅰ.①博⋯　Ⅱ.①李⋯②徐⋯　Ⅲ.①汉语—对外汉语教学—教材　Ⅳ.①H195.4

中国版本图书馆CIP数据核字(2019)第001160号

书　　名	博雅汉语读写·初级起步篇 BOYA HANYU DUXIE·CHUJI QIBU PIAN
著作责任者	李晓琪　主编　徐晶凝　编著
责任编辑	孙　娴
标准书号	ISBN 978-7-301-30196-8
出版发行	北京大学出版社
地　　址	北京市海淀区成府路205号　100871
网　　址	http://www.pup.cn　　新浪微博:@北京大学出版社
电子信箱	zpup@pup.cn
电　　话	邮购部 010-62752015　发行部 010-62750672　编辑部 010-62753027
印刷者	河北博文科技印务有限公司
经销者	新华书店
	889毫米×1194毫米　16开本　10印张　205千字 2019年1月第1版　2025年4月第3次印刷
定　　价	52.00元

未经许可,不得以任何方式复制或抄袭本书之部分或全部内容。
版权所有,侵权必究
举报电话:010-62752024　电子信箱:fd@pup.pku.edu.cn
图书如有印装质量问题,请与出版部联系,电话:010-62756370

前　言

　　"听说读写"四项技能是第二语言学习者必备的语言技能，全面掌握了这四项技能，就能够实现语言学习的最终目标——运用语言自由地进行交际。为实现这一目的，自20世纪中后期起，从事语言教学工作的教材编写者们在综合教材之外，分别编写听力教材、口语教材、阅读教材和写作教材，这对提高学习者的"听说读写"四项语言技能起到了至关重要的作用。不过，由于各教材之间缺乏总体设计，各位编者各自为政，产生的结果就是教材主题比较零散，词汇量和语言点数量偏多，重现率偏低。这直接影响到教学效果，也不符合第二语言学习规律和现代外语教学原则。21世纪以来，听说教材和读写教材开始出现，且以中级听说教材和中级读写教材为主，这是教材编写的新现象。

　　"博雅汉语"听说、读写系列教材突破已有教材编写的局限，根据语言教学和语言习得的基本原则，将听力教学和口语教学相结合，编写听说教材9册；将阅读教学和写作教学相结合，编写读写教材6册，定名为"博雅汉语"听说、读写系列教材。这是汉语教材编写的一次有益尝试。为保证教材的科学性和有效性，在编写之前，编者们多次研讨，为每册教材定性（教材的语言技能性质）、定位（教材的语言水平级别）和定量（教材的话题、词汇量和语言点），确保了教材设计的整体性和科学性，这符合现代外语教材编写思路和原则，也是本套教材编写必要性的集中体现。相信本套教材的出版，可为不同层次的学习者（从初级到高级）学习和掌握汉语的"听说""读写"技能提供切实的帮助，可为不同院校的"听说"课程和"读写"课程，提供突出语言功能的成系列的好用教材。

　　还要说明的是，早在2004年，北京大学对外汉语教育学院的一些教师已经陆续编写和出版了综合教材"博雅汉语"系列，共9册。该套教材十余年来受到使用者的普遍欢迎，并获得北京大学2016年优秀教材奖。2014年，该套教材根据使用者的需求进行了修订，目前修订工作已经全部完成。本次编写的"博雅汉语"听说、读写系列教材，与《博雅汉语》综合教材成龙配套，形成互补（听说9册与综合9册对应，读写分为初、中、高三个级别，也与综合教材对应，详见各册教材的说明）和多维度的立体结构。无论是从教材本身的体系来看，还是从出版的角度来说，同类系列汉语教材这样设计的还不多见，"博雅汉语"系列教材的出版开创了汉语教材的新局面。

教材的独特之处有以下几点：

1. 编写思路新，与国际先进教学理念接轨

随着中国国际地位的提高，世界各国、各地区学习汉语的人越来越多，对外汉语教学方兴未艾，编写合适的对外汉语系列教材是时代的呼唤。目前世界各地编写的对外汉语教材数量众多，但是很多教材缺乏理论指导，缺乏内在的有机联系，没有成龙配套，这不利于对外汉语教学的有效开展。国内外对外汉语教学界急需有第二语言教学最新理论指导的、有内在有机联系的、配套成龙的系列教材。本套系列教材正是在此需求下应运而生，它的独到之处主要体现在编写理念上。

第二语言的学习，在不同的学习阶段有不同的学习目标和特点，因此"博雅汉语"听说、读写系列教材的编写既遵循了汉语教材的一般性编写原则，也充分考虑到各阶段的特点，较好地体现了各自的特色和目标。两套教材侧重不同，分别突出听说教材的特色和读写教材的特色。前者注重听说能力的训练，在过去已有教材的基础上有新的突破；后者注重读写能力的训练，特别重视模仿能力的培养。茅盾先生说："模仿是创造的第一步。"行为主义心理学也提出"模仿"是人类学习不可逾越的阶段。这一思想始终贯穿于整套教材之中。说和写，都从模仿开始，模仿听的内容，模仿读的片段，通过模仿形成习惯，以达到掌握和创新。如读写教材，以阅读文本为基础，阅读后即引导学习者概括本段阅读的相关要素（话题、词语与句式），在此基础上再进行拓展性学习，引入与文本话题相关的词语和句式表达，使得阅读与写作有机地贯通起来，有目的、有计划、有步骤、有梯度地帮助学生进行阅读与写作的学习和训练。这一做法在目前的教材中还不多见。

2. 教材内容突出人类共通文化

语言是文化的载体，也是文化密不可分的一部分，语言受到文化的影响而直接反映文化。为在教材中全面体现中华文化的精髓，又突出人类的共通文化，本套教材在教学文本的选择上花了大力气。其中首先是话题的确定，从初级到高级采取不同方法。初级以围绕人类共通的日常生活话题（问候、介绍、饮食、旅行、购物、运动、娱乐等）为主，作者或自编，或改编，形成初级阶段的听或读的文本内容。中级阶段，编写者以独特的视角，从人们日常生活中的喜怒哀乐出发，逐渐将话题拓展到对人际、人生、大自然、环境、社会、习俗、文化等方面的深入思考，其中涉及中国古今的不同，还讨论到东西文化的差异，视野开阔，见解深刻，使学习者在快乐的语言学习过程中，受到中国文化潜移默化的熏陶。高级阶段，以内容深刻、语言优美的原文为范文，重在体现人文精神、突出人类共通文化，让学习者凭借本阶段的学习，能够恰当地运用其中的词语和结构，能够自由地与交谈者交流自己的看法，能够自如地写下自己的观点和意见……最终能在汉语的天空中自由地飞翔。

3. 充分尊重语言学习规律

本套教材（听说教材和读写教材），从功能角度都独立成册、成系列，在教学上完全可以独立使用；但同时又与《博雅汉语》综合教材配套呈现，主要体现在三个方面：

（1）同步教材（听说、读写），每课的话题与综合教材基本吻合；

（2）每课的词汇量重合在30%～40%，初级阶段（听说1、2册）重合率达到80%～90%；

（3）语言知识点在重现的基础上有限拓展。

这样，初级阶段做到基本覆盖并重现《博雅汉语》综合教材的词语和语言点，中高级阶段，逐步加大难度，重点学习和训练表达任务与语言结构的联系和运用，与《博雅汉语》综合教材的内容形成互补循环。

配套呈现的作用是帮助学习者在不同的汉语水平阶段，各门课程所学习的语言知识（词语、句式）可以互补，同一话题的词语与句式在不同语境（"听说读写"）中可以重现，可以融会贯通，这对学习者认识语言，同步提高语言"听说读写"四项技能有直接的帮助。

4. 练习设置的多样性和趣味性

练习设计是教材编写中的重要一环，也是本教材不同于其他教材的特点之一。练习的设置除了遵循从机械性练习向交际练习过渡的基本原则外，还设置了较多的任务型练习，充分展示"做中学""练中学"的教学理念，使学习者在已有知识的基础上得到更深更广的收获。

还要特别强调的是，每课的教学内容也多以听说练习形式和阅读训练形式呈现，尽量减少教师的讲解，使得学习者在课堂上获得充分的新知识的输入与内化后的语言输出，以帮助学习者尽快掌握汉语"听说读写"技能。这也是本套教材的另一个明显特点。

此外，教材中还设置了综合练习和多种形式的拓展训练，这些练习有些超出本课听力和阅读所学内容，为的是让学习者在已有汉语水平的基础上自由发挥，有更大的提高。

综上，本套系列教材的总体设计起点高，视野广，既有全局观念，也关注每册的细节安排，并且注意学习和借鉴世界优秀第二语言学习教材的经验；参与本套系列教材的编写者均是具有丰富教学经验的优秀教师，多数已经在北京大学从事面向留学生的汉语教学工作超过20年，且有丰硕的科研成果。相信本套系列教材的出版将为正在世界范围内开展的汉语教学提供更大的方便，将进一步推动该领域的学科建设向纵深发展，为汉语教材的百花园增添一束具有鲜明特色的花朵。

衷心感谢北京大学出版社的领导和汉语编辑部的各位编辑，是他们的鼓励和支持，促进了本套教材顺利立项（该套教材获2016年北京大学教材立项）和编写实施；是他们的辛勤耕作，保证了该套教材的设计时尚、大气，色彩与排版与时俱进，别具风格。在此代表全体编写者一并致谢！

李晓琪
于北京大学蓝旗营

编写说明

本教材是为具有初级汉语水平的学习者编写的。学习者已基本掌握甲级语法项目以及《汉语水平词汇等级标准大纲》中的大部分甲级词语，词汇量达到1200词至1500词。

本教材的目的是帮助学习者更好地内化已经学习过的词汇和语法，同时能在已有汉语基础上适当扩大接收性词汇量。基于这样的编写宗旨，本教材以北京大学出版社出版的《博雅汉语·初级起步篇》和《博雅汉语·准中级加速篇Ⅰ》作为初级汉语水平的依据，力求在词汇和语法项目上与之保持一定的重现覆盖率。

作为一本阅读写作教程，本教材重点不是语法结构的讲解，但对于阅读短文中所出现的那些学习者容易发生语序错误或者学习起来较为困难的语法结构，我们也将之提取出来，并以模仿造句的形式，请学习者进行句子写作的练习，以帮助学习者复习巩固这些业已学过的语法结构。本教材课文中所包含的语法项目，详见重要语言点总表。如果学习者对这些语法项目掌握尚不牢固，教师在教学过程中可以适当增加一些造句练习。

本教材的阅读理解练习，主要有三种：一是文章内容的整体理解，二是文章细节的把握，三是基于对文章内容的理解而要求学习者进行成段表达。就练习形式而言，则包括判断正误、选择正确答案、根据课文内容填空或完成对话、词义猜测、回答问题等。教师可根据学习者的实际情况，安排独立阅读或分组合作阅读。原则上，课堂阅读练习都是限时阅读，教师可根据学习者的实际情况，限定合适的阅读时间。

对于初级水平的学习者而言，写作的主要目标是掌握不同功能句子构造以及限定片段写作的能力，为中级阶段自由书写整篇文章打下牢固基础。因此，本教材的写作练习，不求系统地进行记叙文、散文、议论文、应用文等文体训练，而是专注于训练学习者利用一定的语言结构进行语言表达的能力。这是本教材设计写作任务的内在依据。

总体来说，每课的写作任务分三个层次：一是句子写作，二是句群写作，三是模仿性的篇章写作。

句子和句群写作，通常安排在两个部分。一个部分是与阅读理解任务融合在一起的，我们希望学习者能以完成对话或回答问题的形式重述阅读短文，在此过程中训练学习者的造句能力，因此，某些阅读理解问题所预设的答案里往往包含着一个语法结构。如：第8课第二部分阅读理解练习四的回答，我们希望的是学习者能使用"……，是为了……""因为……，就……""不仅仅……，还……"三个结构。另外一部分安排在写作部分，直接将各课所包含的某些语法结构提取出来，要求学习者利用该结构进行句子或句群写作。与精读课语法练习不同的是，本教材主要是明确指出某语法结构在篇章写作中所能实现的功能，如"adj + 地 + verb""verb 着 + verb"可用于动作行为的描写。这里顺便说一下儿，本教材对词语的词性处理并不完全遵从《现代汉语词典》，而是从有利于学习者理解的角度来判定的。如第2课的练习里将"大声"处理为形容词。

模仿性写作，则是要求学习者尽可能模仿阅读短文的篇章结构或语言风格进行写作，以帮助学习者了解、熟悉汉语篇章的衔接连贯方式。

本教材的写作训练主要涉及以下几个方面：简单的外貌描写、动作描写、心理活动描写、比较说明、用比喻的方法讲道理、用对比的方法讲道理以及用自身经历讲道理。这些写作技巧的训练，是学习者进行记叙文、说明文和议论文写作的必要准备。从文体角度来说，本教材所涉及的写作类别主要包括书信、便条、请假条、日记、简单的广告、记叙文和简单的议论文。

每课的写作任务一般有三到四个，前几个任务尽可能为最后一个写作任务做铺垫。原则上最后一个任务可以让学习者课后完成，其他任务则在课上完成。教师可根据"过程写作"模式的要求与方式，组织课堂讨论与分组活动。

作为一部阅读与写作兼顾的教材，我们力求在阅读短文与写作任务之间建立起紧密关联。所做的具体安排是：（1）在阅读理解任务中，通过完成对话、回答问题的方式进行造句能力的写作训练；（2）在写作任务中，必定有一个任务的话题是基于阅读短文而设计的；（3）写作任务中，单句或句群的写作练习，都涉及阅读短文里的语法结构，是学习者容易犯错或较难的语法；（4）在某些写作任务中，要求学习者模仿阅读短文的篇章结构或话语风格进行写作，即阅读短文同时充当写作范文。

（5）在写作部分，通过提供相关写作样本或背景信息、补充信息的形式增加阅读量。

本教材共10课，按照一个学期15周，每周2课时安排。

在教材的编写过程中，主编李晓琪教授给以了全面细心的指导，李老师高屋建瓴的意见和建议使我对本教材的整体编排有了更清晰的把握，在学习任务的结构和任务目标的确定上有了更明确的意识。

感谢徐春耘女士帮忙校对英文翻译。感谢北京大学出版社编辑孙娴的尽责工作。

若您在使用本教材的过程中，发现尚有需要继续完善之处，请跟我联系，不胜感谢。

徐晶凝

xujingning@pku.edu.cn

略语表　Abbreviations

词类简称	词类全称	英文	例子
动 (dòng)	动词	Verb	答应（动）
名 (míng)	名词	Noun	眼睛（名）
形 (xíng)	形容词	Adjective	明亮（形）
副 (fù)	副词	Adverb	已经（副）
连 (lián)	连词	Conjunction	只要（连）
介 (jiè)	介词	Preposition	按照（介）
代 (dài)	代词	Pronoun	另（代）
量 (liàng)	量词	Measure-word	节（量）
离 (lí)	离合词	Verb-Object compound	聊天儿（离）
语 (yǔ)	短语	Phrase	该怎么办（语）

目录

第 1 课　我该怎么办？ ……………………………………………………… 1

　阅　读　我该怎么办？ ……………………………………………………… 3

　写　作　任务一　表达道歉 ………………………………………………… 6

　　　　　任务二　简单的外貌描写 ………………………………………… 7

　　　　　任务三　写日记 ……………………………………………………… 9

第 2 课　我说错了 …………………………………………………………… 13

　阅读一　我说错了 …………………………………………………………… 14

　阅读二　我说错了 …………………………………………………………… 18

　写　作　任务一　简单的动作描写（1）…………………………………… 19

　　　　　任务二　连续动作的描写 ………………………………………… 20

　　　　　任务三　按照时间顺序进行简单叙事 …………………………… 21

第 3 课　称呼问题 …………………………………………………………… 25

　阅读一　老板与雇员 ………………………………………………………… 26

　阅读二　怎么称呼？ ………………………………………………………… 30

　写　作　任务一　简单的动作描写（2）…………………………………… 32

　　　　　任务二　按照时间顺序叙事 ……………………………………… 33

　　　　任务三　讲故事 ……………………………………………………………… 33

　　　　任务四　对比说明 …………………………………………………………… 34

第 4 课　爱的故事 …………………………………………………………………… 37

　　阅读一　问　　路 ………………………………………………………………… 39

　　阅读二　你先走吧 ………………………………………………………………… 42

　　写　作　任务一　写一张纸条 …………………………………………………… 44

　　　　任务二　写信——较为复杂的叙事 ………………………………………… 45

　　　　任务三　系列动作的描写 …………………………………………………… 47

　　　　任务四　写故事——较为复杂的叙事 ……………………………………… 48

第 5 课　谢谢您，妈妈 ……………………………………………………………… 50

　　阅　读　谢谢您，妈妈 …………………………………………………………… 53

　　写　作　任务一　写请假条 ……………………………………………………… 56

　　　　任务二　简单的心理描写 …………………………………………………… 56

　　　　任务三　心理变化的描写 …………………………………………………… 58

　　　　任务四　按照时间顺序叙事，同时描写心理变化 ………………………… 59

第 6 课　有快乐，人生就有幸福 …………………………………………………… 61

　　阅　读　有快乐，人生就有幸福 ………………………………………………… 63

　　写　作　任务一　写简单的广告 ………………………………………………… 65

　　　　任务二　用比喻的方法讲道理 ……………………………………………… 66

　　　　任务三　简单的论证 ………………………………………………………… 67

第 7 课　你愿意照顾他吗？ ………………………………………………………… 69

　　阅读一　你愿意照顾他吗？ ……………………………………………………… 71

| 阅读二 | 当父母老了 | 74 |

　　写　作　任务一　比较（1） 77

　　　　　　　任务二　以排比式段落组织语篇 77

第8课　中国朋友的唠叨 80

　　阅读一　　〰〰〰〰〰 81

　　阅读二　中国朋友的唠叨 85

　　写　作　任务一　用举例的方法说明观点 87

　　　　　　　任务二　比较（2） 89

　　　　　　　任务三　比较复杂的说理 90

第9课　劝　菜 92

　　阅读一　用筷子的忌讳 93

　　阅读二　劝　菜 97

　　写　作　任务一　场景描写 99

　　　　　　　任务二　通过自己的经历表达看法的转变 101

第10课　中国人 103

　　阅　读　中国人 106

　　写　作　任务一　表达变化 108

　　　　　　　任务二　聊天儿式写作 109

部分练习参考答案 112

词汇总表 130

重要语言点总表 142

第1课　我该怎么办？

配套资源

词语 Vocabulary

1.	特别	tèbié	（副）	especially

① 这个电影特别好看，我们都喜欢。
② 我喜欢听音乐，特别是中国音乐。
③ 他的朋友都很友好，特别是小王。

2.	眼睛	yǎnjing	（名）	eyes
3.	明亮	míngliàng	（形）	well-lit, bright, brilliant, glittering

① 学生在明亮的教室里上课。
② 他长着一双明亮的大眼睛。

4.	聊天儿	liáo tiānr	（离）	to chat

① A 和 B 聊天儿
② 我常常和好朋友聊天儿。
③ 昨天我们聊了两个小时天儿。

5.	一直	yìzhí	（副）	continuously, all the time

① 我跟他一直都是好朋友。
② 昨天晚上从 8:00 到 11:00，我一直在学习。

6.	以前	yǐqián	（名）	before (a point of time), ago, previously, formerly

① 8:00 以前你应该到教室。
② 三年以前，我们还不认识。
③ 认识他以前，我没有男朋友。
④ 以前我不喜欢学习，现在喜欢了。

7.	电影	diànyǐng	（名）	movie
8.	答应	dāying	（动）	to promise, to agree

爸爸不答应孩子的要求，孩子不高兴了。

9.	出发	chūfā	（动）	to set off

| 10. | 路 | lù | （量/名） | route (for bus); road |

① 请问，到中山公园，我应该坐几路公共汽车？
② 一路上大家有说有笑，十分开心。

| 11. | 坏 | huài | （形） | to be broken, to go bad |

① 我的车坏了，今天只好走路去学校了。
② 那个面包坏了，不能吃了。

| 12. | 结果 | jiéguǒ | （名） | a result, an outcome, an effect in the event, so that |

① 昨天没有复习（fùxí / review），结果，今天没考好。
② 你不努力学习的结果，就是不能毕业。

| 13. | 电影院 | diànyǐngyuàn | （名） | cinema |

| 14. | 已经 | yǐjīng | （副） | already |

我到电影院的时候，电影已经开始了。

| 15. | 解释 | jiěshì | （动） | to explain |

① A 向 B 解释 / A 给 B 解释
② 你上课迟到了，应该向老师解释一下。
③ 这个词是什么意思？你可以给我解释一下吗？

| 16. | 以后 | yǐhòu | （名） | afterwards, then, hereafter |

爸爸答应了孩子的要求以后，孩子马上不哭（kū / to cry）了。

| 17. | 看起来 | kàn qilai | （语） | it looks like |

① 看起来，要下雨了。
② 今天你看起来很漂亮。

| 18. | 生气 | shēng qì | （离） | to be angry |

① A 生 B 的气
② 你不要生他的气了，他只是个孩子。
③ 孩子没做作业，妈妈很生气。

| 19. | 担心 | dān xīn | （离） | to worry about |

① 别担心，我可以做好。
② 你怎么这么长时间没来上课？我们都很担心你。
③ 担了半天心，什么事也没发生。

| 20. | 约会 | yuēhuì | （动/名） | to date; a date |

① A 和 B 约会
② 他昨天下午和女朋友约会，结果，忘了做作业。
③ 你昨天的约会怎么样？

| 21. | 该怎么办 | gāi zěnmebàn | （语） | How should (someone) do? |

没钱了，可是，我很想买那个东西，我该怎么办？

第1课　我该怎么办？

词语练习　Vocabulary exercises

选词填空 Select the appropriate word to fill in the blank

> 聊天儿　　出发　　担心　　约会　　解释

1. 这些事儿，你不用（　　　），我们都明白。
2. 不忙的时候，我喜欢上网和朋友（　　　）。
3. （　　　）的时候，应该男孩子花钱吗？
4. 10点的飞机，我们6点从学校（　　　）。
5. 你不要（　　　），没事儿，他一定行。

> 眼睛　答应　结果　特别是　看起来

6. 孩子的要求太多了，妈妈不能都（　　　）。
7. 他（　　　）很生气，不知道为什么。
8. 那个孩子（　　　）大大的，很明亮。
9. 今天是我的生日。朋友们送给我的生日礼物（lǐwù / gift）我都非常喜欢，（　　　）小王的礼物。
10. 昨天很冷，我没穿大衣，（　　　）感冒了。

阅读 Reading

我该怎么办？

　　我叫大卫，美国人，今年18岁。我在中国学习汉语，学了一个月了。

　　昨天晚上，我在酒吧认识了一个中国女孩儿，叫张红，是外语学院二年级的学生。她长得很漂亮，特别是她的眼睛，大大的，黑黑的，非常明亮。我们一起聊天儿，一直聊了三个小时。

回家以前,我对她说:"明天晚上你有时间吗?我想请你去看电影,行吗?"她答应了!我太高兴了!

今天晚上的电影6点半开始,我5点就出发了。可是,我坐的那辆332路公共汽车半路坏了,结果,我跑到电影院的时候,已经6点三刻了。她听了我的解释以后,说"没关系",看起来没有生气。不过,我有点儿担心,因为看完电影以后,我请她去喝咖啡,她没有答应。

她以后还会不会和我约会?我该怎么办?

阅读理解练习   Reading comprehension

一、选择正确答案 Choose the correct answer

1. 那天晚上的电影几点开始?
   A. 六点半　　　B. 五点　　　C. 五点半　　　D. 六点三刻

2. 大卫迟到(chídào / to be late)了多长时间?
   A. 三个小时　　B. 半个小时　　C. 十五分钟　　D. 三刻钟

3. 大卫用了多长时间才到电影院?
   A. 三个小时　　B. 半个小时　　C. 一个半小时　　D. 一个小时四十五分钟

二、判断正误 True or false

☐ 1. 大卫认识了一个外语学院的学生,他们认识了一个月了。
☐ 2. 大卫请张红看电影,张红很高兴。
☐ 3. 大卫坐的那辆公共汽车坏了,大卫很生气。

第 1 课　我该怎么办？

三、回答问题 Answer the questions

1. 大卫和张红第一次聊天儿，聊了多长时间？
2. 张红为什么答应大卫一起看电影？
3. 张红在电影院等大卫，至少（zhìshǎo / at least）等了他多长时间？
4. 看完电影以后，张红为什么没答应跟大卫一起喝咖啡？
5. 你觉得大卫应该不应该再次邀请（yāoqǐng / to invite）张红？

四、根据课文内容完成下列对话
Complete the dialogues based on the reading passage

1. 跟朋友聊天儿

    大卫：昨天晚上，我在酒吧认识了一个女孩子。

    朋友：看起来，认识她让你很高兴。她很漂亮吧？

    大卫：_____。

2. 道歉（dào qiàn / to apologize）

    大卫：对不起，我来晚了。

    张红：没关系。路上堵（dǔ / to block up）车吗？

    大卫：不是，_____。

    张红：那你一定很累吧？

    大卫：_____。

    张红：没事儿，我不生气。现在已经六点三刻了，我们快进电影院吧。

3. 跟同屋聊天儿

    同屋：你怎么这么早就回来了？今天晚上不是有约会吗？

    大卫：_____。

    同屋：别担心，你明天再给她打电话吧。

写作 Writing

当我们开始使用汉语写作时，我们要先了解下面的三个格式规范：

When we write a passage in Chinese, we should know the following three items about the format:

（1）段落前空两格。

There should be two blank spaces at the beginning of every paragraph.

（2）正确使用标点符号。

The punctuations should be used properly.

（3）文章标题首行居中。

The title should be put in the middle of the first line.

任务一 Task 1 表达道歉 Expression of making an apology

用汉语道歉，你可以这样说：

You can use the following sentence structures to apologize in Chinese:

道歉语	为什么要道歉	解释原因
① 不好意思 ② 非常抱歉 (bàoqiàn /sorry) ③ 对不起 ④ 请原谅 (yuánliàng / to forgive)	① 我来晚了。 ② 我迟到了。 ③ 让你久等了。	① 路上堵车。 ② 半路车坏了。

（1）假如你是大卫，正在去电影院的路上。请给张红发一条微信，表示道歉，请张红等你。

Suppose you were David and you were on the way to the cinema. Send a WeChat message of apology to Zhang Hong and ask her to wait for you.

第 1 课 我该怎么办？

（2）请你帮大卫给同屋留一张便条，告诉同屋自己会很晚回宿舍，表示抱歉。
Suppose you were David and you left your roommate a message that you will come back home very late and would feel sorry for any interference.

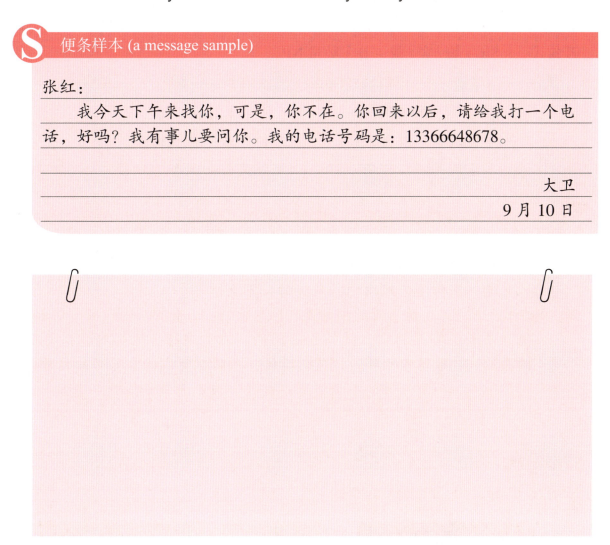

便条样本 (a message sample)

张红：
　　我今天下午来找你，可是，你不在。你回来以后，请给我打一个电话，好吗？我有事儿要问你。我的电话号码是：13366648678。

大卫
9月10日

任务二 Task 2　简单的外貌描写 Simple descriptions of appearance

在描写外貌时，我们常常用下面的一些句式和词语：
When describing a person, the following words and patterns are often used:

☑ **句式一：Sb./Sth. +（长得）很 + adj.**

词语：矮　高　胖　瘦　大　小　多　少　帅（shuài/handsome）　白　红

例：（1）他长得很帅。　　　（2）他的个子很高。
　　（3）她的皮肤很白。　　（4）她长得很瘦，眼睛很大。

☑ 句式二：Sb. + 穿得 + adj.

　　词语：漂亮　好看　正式

　　例：（1）她穿得很好看。　　　（2）他今天穿得很正式。

☑ 句式三：Sb. + 长/穿/戴 + 着 + 数量NP

　　词语：一双眼睛　一张嘴　一件衣服　一条裙子　一条裤子　一副眼镜
　　　　　一顶帽子（màozi/hat）

　　例：（1）她长着一双大眼睛。　（2）她穿着一条长裙子。
　　　　（3）他戴着一顶帽子。　　（4）他戴着一副金边眼镜。

S 样本 (samples)

（1）她长得很漂亮，特别是她的眼睛，大大的，黑黑的，非常明亮。

（2）她穿着一条裙子，短短的，黄黄的，不太漂亮。

（3）在我们班里，我最喜欢的同学是"小帅哥"大卫。他的个子不高，但长得很帅。他的头长得圆圆的，红红的脸圆圆的，有意思的是他那双亮亮的眼睛也是圆圆的。我最喜欢他笑，他笑的时候，眼睛就变成两个弯弯的月牙（yuèyá/crescent）。他那红红的小嘴最爱说笑话，我们都喜欢和他一起玩儿。

请你来描写一下这两个孩子吧：

Now try to describe the two children:

....

....

....

....

....

任务三 Task 3　写日记 Writing a diary

假如你是文章中的女孩子张红，请你写一篇日记，日记里要包括下面五个方面的信息。请用指定的句式和词语，越多越好。

Suppose you were Zhang Hong and you were writing a diary after you came back home. In your diary, please include the following 5 aspects of information and try to use the given patterns and words as much as possible.

1. 你和那个男孩子是怎么认识的？

　　☑ 句式：① $sb._1$ 和 $sb._2$ 聊天儿　② $sb._1$ 请 $sb._2$ + verb　③ $sb._1$ 和 $sb._2$ 约会

　　　　　　④ sb. 在 place + verb

　　☑ 词语：酒吧　答应　电影

2. 你为什么答应和刚认识的男孩子约会看电影？

　（1）他长得帅吗？

　（2）他的性格（xìnggé / personality）怎么样？

　　　　☑ 句式：① 看起来 + adj.　② 长得 adj.　③ sb. 去 place + verb

　　　　　　　　④ $sb._1$ 和 $sb._2$ 一起 + verb

　　　　☑ 词语：聪明　健康　快乐　个子　帅

3. 第一次约会，那个男孩子迟到了，你觉得他的道歉怎么样？

　　☑ 句式：① sb. + verb + object + verb + {时量}

　　　　　　② sb. + verb + [pronoun] + {时量}

　　　　　　③ $sb._1$ 向 $sb._2$ 道歉　④ $sb._1$ 向 $sb._2$ 解释说："……"

　　☑ 词语：点　到　等　分钟

4. 看完电影后,你为什么不跟他一起喝咖啡?

   ☑ 句式:① sb.₁ 请 sb.₂ + verb   ② time-when word + 以前,……

   ☑ 词语:觉得   第一次   不好意思   太晚了

5. 你希望以后怎么样?

日记样本 (diary sample)

2016 年 9 月 18 日   星期天   晴

上个星期考试,考了三天,感觉有点儿累,这个周末没有学习。

今天天气不错,天蓝蓝的,很舒服。所以,我和张红一起去了颐和园。在昆明湖上划船的时候,看着远处高高的山、绿绿的树,还有天上白白的云,我觉得非常开心。颐和园里有很多人,大家看起来都玩儿得很高兴。

下个星期继续(jìxù / to continue)努力学习!

你的日记

第1课　我该怎么办？

标点符号的用法一 The usage of punctuations in Chinese 1

名称	功能	例句
句号（。）	用在陈述句的末尾。Used at the end of a declarative sentence.	（1）昨天我去酒吧了。 （2）我不知道他去哪儿了。
问号（？）	用在疑问句的末尾。Used at the end of a question sentence.	（1）他是谁？ （2）他是美国人，还是英国人呢？
感叹号（！）	用在表示感情强烈的句子末尾。Used at the end of an exclamatory sentence.	（1）太漂亮了！ （2）快走吧！
逗号（，）	用在句中，表示一句话中间的停顿。Used in the middle of a sentence, indicating a pause.	（1）我去看了几个老同学，他们有的正在读大学，有的已经工作了。 （2）他现在还不太努力，但是，已经很有进步了。 （3）来北京以前，我一点儿汉语也不会说。 （4）我知道，你不太喜欢他。
冒号（：）	★用在书信、发言稿等开头的称呼语后面。Used after the salutation in a letter or lecture. ★用在总括的话后面，表示后面要分项说明。Used after a summary statement, indicating that the itemized statement is as follows.	（1）同学们：上午好。很高兴今天有机会跟大家聊聊。 （2）现在跟朋友联系（liánxì/ to contact）有很多办法：可以发微信，可以打电话，也可以发邮件，还可以……
引号（""）	★表示直接引用的话，常与冒号一起使用。Indicating the direct quotation, often used with a colon (:). ★表示突出强调。Indicating the emphasized part.	（1）妈妈对我说："你一个人在国外，一定要注意身体。" （2）你真是我的"好"朋友啊！你怎么能这么做呢！

11

给下面的句子和段落加标点 Put proper punctuations in the blanks

1. 老虎（ ）快跑（ ）

2. 北京有两所很有名的大学（ ）一个是北京大学（ ）一个是清华大学（ ）

3. 一位教授（jiàoshòu / professor）在教留学生学习汉字（ ）他先写了一个（ ）宀（ ），告诉学生说这是一间屋子（wūzi / room）（ ）然后（ ）他又写了一个（ ）女（ ），告诉学生说这是一个女人（ ）最后（ ）他问（ ）（ ）屋子里有一个女人会怎么样（ ）（ ）有一个学生大声说（ ）（ ）麻烦（ ）（ ）教授笑着说（ ）（ ）如果屋子里有一个中国女人（ ）就会很平安（píng'ān / peaceful）（ ）（ ）

4. 五岁的时候（ ）我第一次和父母一起去看电影（ ）对我来说（ ）那是一件大事（ ）因为姐姐早就可以看电影了（ ）我不知道看电影是什么（ ）只知道大人让我去看了（ ）太高兴了（ ）到了电影院（ ）我看见每个人都有一张票（ ）进去的时候（ ）要给电影院的人看一下（ ）我向爸爸要票（ ）可是他说（ ）（ ）你不需要票就可以进去（ ）（ ）我非常不高兴（ ）为什么别人都有票（ ）爸爸让我来看电影（ ）可是为什么不给我票（ ）我大声地哭了（ ）爸爸没有办法（ ）只好给我买了一张票（ ）

第 2 课 我说错了

配套资源

词语一 Vocabulary 1

| 1. | 让 | ràng | （动） | to cause or to make someone do something |

① 从小时候开始，妈妈就让我学习外语。
② 你别动，让我来吧。

| 2. | 试 | shì | （动） | to try |

① 我也不知道行不行，试试看吧。
② 你可以先试穿一下，没关系。

| 3. | 紧张 | jǐnzhāng | （形） | nervous |

第一次跟中国人说汉语时，她心里很紧张。

| 4. | 端 | duān | （动） | to hold and carry something as when serving food |

服务员，麻烦你快点儿把我们的菜端来，好吗？

| 5. | 盘 | pán | （量） | a tray, a plate, a dish |

① 这盘水果，请你帮忙端给客人。
② 那盘菜很漂亮。

| 6. | 奇怪 | qíguài | （形） | odd, strange |

我们要可乐，服务员却端上来一盘扣肉，真奇怪。

| 7. | 扣肉 | kòuròu | （名） | Steamed Sliced Pork |

| 8. | 哈哈大笑 | hāhā dà xiào | （语） | to laugh out loud |

听了孩子的话，他哈哈大笑起来。

| 9. | 发音 | fāyīn | （动/名） | to pronounce; pronunciation |

| 10. | 标准 | biāozhǔn | （形） | standard |

她发音不标准，把"可乐"说成了"扣肉"。

| 11. | 味道 | wèidào | （名） | taste |

13

词语练习 Vocabulary exercises

选词填空 Select the appropriate word to fill in the blank

> 奇怪　标准　紧张　味道　试　端

1. 我们要学习最（　　）的汉语。
2. 请把那盘菜（　　）上来吧。
3. 第一次和男朋友约会，她很（　　）。
4. 真（　　），已经 8:30 了，他怎么还没来？
5. 这个菜的（　　）我很喜欢。
6. 买衣服的时候，你最好先（　　）穿一下。

阅读一 Reading 1

我说错了

有一天，我跟朋友去饭店吃饭，我想喝可乐。我朋友的汉语说得很好，我让他点一瓶可乐，可是他一定要让我试试。他先教我说了一遍，我又练习了几遍，然后很紧张地说："小姐，我要一瓶可乐。"服务员答应了。说完以后，我非常高兴。等了一会儿，服务员端来了一盘肉，我们觉得很奇怪。

"我要可乐。"

"对啊，这就是扣肉。"服务员说。

我朋友哈哈大笑起来。他一边笑一边对服务员说："她要的是可乐，不是扣肉。她的发音不太标准。"

服务员笑了。我太不好意思了。没办法，我们只好吃了那盘扣肉，味道还不错。

（［韩国］李爱莲，选自杨庆华主编《留学岁月》，有改编）

第 2 课　我说错了

阅读理解练习　Reading comprehension

一、选择正确答案　Choose the correct answer

1. "我"为什么让朋友点可乐？
   A. 因为"我"喜欢喝可乐
   B. 因为"我"不会说汉语
   C. 因为朋友的汉语说得很好

2. "我"为什么很紧张？
   A. 因为"我"第一次说汉语
   B. 因为"我"担心服务员不喜欢"我"
   C. 因为"我"的发音不太标准

3. 服务员为什么端来了扣肉？
   A. 因为"我"点了扣肉
   B. 因为"我"的发音不标准，服务员听错了
   C. 因为扣肉的味道很好

二、判断正误　True or false

☐ 1. 扣肉味道很好，"我"很高兴。
☐ 2. "我"的汉语说得不好，所以，"我"不好意思。
☐ 3. 因为"我"的朋友笑了，所以，服务员也笑了。

三、回答问题　Answer the questions

1. 请说一说："我"的心情有什么样的变化？点可乐以前，"我"怎么样？点可乐的时候呢？点可乐以后呢？
2. "我"的汉语说得怎么样？

四、根据课文内容完成下列对话
Complete the dialogues based on the reading passage

A：你帮我要一瓶可乐吧?
B：你已经学了一个月汉语了，自己试试吧。
A：我不知道怎么说。_____。
B：好，我教你。"我要一瓶可乐。"
A："我要一瓶可乐。""我要一瓶可乐。"
B：对，你_____，别_____，试试吧。
A：好，我试试！服务员，我要一瓶可乐。

词语二 Vocabulary 2

1.	售货员	shòuhuòyuán	（名）	shop assistant
2.	惊讶	jīngyà	（形）	surprised

你太让我惊讶了，你要和一个刚认识的人约会吗?

| 3. | 谦虚 | qiānxū | （形） | modest, self-effacing, unassuming, humble |

谦虚让人进步。

| 4. | 马马虎虎 | mǎmǎ-hūhū | （语） | just passable, just so-so |

① 这里的生活马马虎虎，不太好也不太坏。
② 你真马虎，这是"大"，不是"太"。

| 5. | 另 | lìng | （代） | another |

我有两个好朋友，一个是外语学院的，另一个是中文系的。

| 6. | 纸 | zhǐ | （名） | paper |

一张纸

7.	火车	huǒchē	（名）	train
8.	笔	bǐ	（名）	a pen, a pencil, a brush-pen, any writing instrument
9.	帮助	bāngzhù	（动/名）	to help; help

① 谢谢你帮助我拿行李！
② 刚来中国的时候，他给了我很多帮助。

第 2 课　我说错了

10. 连忙　liánmáng　（副）　promptly, at once, immediately(only for past events)

① 听说妈妈病了，他连忙买了一张火车票，回家去了。
② 听见妈妈的声音，他连忙关上了电视。

11. 或者　huòzhě　（连）　or

① 今天或者明天下午，你都可以来找我。
② 今年夏天，我们或者去北京或者去上海，还没想好。

12. 怪不得　guàibudé　（副）　[Informal] no wonder

① A：他的女朋友跟他分手了。
　 B：哦，是吗？怪不得这几天他一直都不高兴。
② A：他在中国学习两年汉语了。
　 B：哦，怪不得他的汉语说得那么标准。

词语练习　Vocabulary exercises

选词填空 Select the appropriate word to fill in the blank

　　售货员　或者　连忙　怪不得　惊讶　谦虚　火车

1. 那个（　　）不喜欢他的工作，（　　）他总是对客人不太客气。
2. 他觉得我们不应该（　　），应该觉得自己什么都是最好的。
3. 他们刚认识就开始约会，你不觉得（　　）吗？
4. 孩子病了，妈妈（　　）送他去医院。
5. 我喜欢坐（　　）旅行（lǚxíng / to travel），不喜欢坐飞机。
6. 你给我打电话，（　　）发 E-mail，都可以。

17

阅读二 Reading 2

我说错了

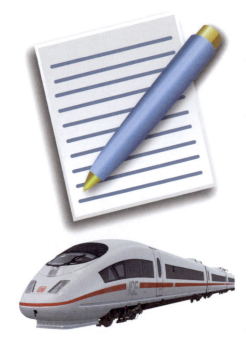

有一天,我去一家商店买东西。一走进去,我就大声对售货员说:"你们好!"一个售货员惊讶地说:"你的汉语真不错。"我谦虚地说:"哪里,哪里,马马虎虎。"另一个售货员问:"你要买什么?"

"我买纸火车笔。"我说。

"什么?你是不是想去火车站啊?"她非常惊讶,大声问。

别的售货员都走过来了。一个人问:"你想买什么?我可以帮助你吗?"我连忙用英语说了一遍我的意思。他笑了,对我说:"你想说'或者',可是你说的是'火车'。"

我说错了!怪不得售货员那么惊讶呢!

([扎伊尔]阿那克沙,选自杨庆华主编《留学岁月》,有改编)

阅读理解练习 Reading comprehension

一、选择正确答案 Choose the correct answer

1. "我"在哪里?
   A. 火车站　　　　B. 商店　　　　C. 教室

2. 售货员觉得"我"的汉语怎么样?
   A. 马马虎虎　　　B. 不错　　　　C. 奇怪

3. "我"怎么让售货员明白了"我"的意思?
   A. 大声说　　　　B. 又说了一遍　　C. 用英语

第 2 课　我说错了

二、判断正误 True or false

☐ 1. "我"的汉语说得不错，可是"我"很谦虚。
☐ 2. 售货员的英语都说得不错。
☐ 3. 售货员听了"我"的话，很惊讶。

三、根据课文内容填空

Fill in the blanks with words based on the reading passage

昨天，我去一（　　　）商店买东西。我（　　　）对售货员说："你们好！"一个售货员（　　　）地说："你的汉语真不错。"然后，我告诉她我要买"纸火车笔"。没想到，她听不懂。原来，我的发音不（　　　），我应该说"（　　　）"，可是，我说的是"火车"。真不好（　　　）！

写作 Writing

任务一　Task 1　简单的动作描写 (1) Action description (1)

在汉语里，我们通常使用下面的句式对动作进行描写：
If you need to describe an action in Chinese, you can use the following pattern:

☑ **句式：Subject + adj. 地 +verb**

例：（1）一个售货员惊讶地说："你的汉语真不错。"
　　（2）我大声（地）说："你们好！"
　　（3）看到妈妈，孩子高兴地跑过来。
　　（4）我又迟到了，女朋友生气地问我："你怎么总是迟到啊？"

（1）请你使用下面的词语描写一下动作：
Please try to use the following words to describe some actions in Chinese:

☑ 形容词（adj.）

紧张　高兴　惊讶　谦虚　大声　担心

19

☑ 动词（verb）

　　说　笑　问　看　出发

....

....

....

（2）请把你造出来的句子扩展为两到三句：

Please expand your sentence into a discourse of two to three sentences:

S 样本 (samples)

（1）听了朋友的话，大卫紧张地问："老师说什么了？他生气了吗？"
（2）我走进了他的房间，他惊讶地看着我，说："你怎么来了？"

....

....

....

任务二　Task 2　连续动作的描写 Description of an action sequence

如果要描写时间间隔不长、连续发生的两个动作，可以用下面的句式：

When you need to describe two actions that happen consecutively, the following patterns can be used:

☑ 句式一：Subject + 一 + verb + 就 + verb

　　例：大卫一看见张红就喜欢上她了。
　　　　孩子一看见妈妈，就高兴地跑过来。

☑ 句式二：一 + verb，subject + 就 + verb

　　例：一听我说汉语，他们就大声地笑起来。
　　　　一看到我，他就担心地问我："你没事儿吧？"我很惊讶。

第 2 课　我说错了

☑ 句式三：Subject$_1$ + 一 + verb，subject$_2$ + 就 + verb

　　例：老师一走进教室，学生们就不说话了。

　　　　妈妈一打开电视，孩子就不想好好学习了。

写写你"到中国的第一天"吧。你可能需要下面的词语：

Write down your "First Day in China". You may need the words below:

☑ 下飞机

　　打电话　发现　看见

☑ 到学校

　　去留学生办公室　校园　超市　睡觉

…………………………………………………………………………………………
…………………………………………………………………………………………
…………………………………………………………………………………………
…………………………………………………………………………………………
…………………………………………………………………………………………
…………………………………………………………………………………………

任务三　Task 3　按照时间顺序进行简单叙事
Simple narration in time sequence

话题 (Topic)：学外语的笑话

　　学习外语的时候，你有没有闹（nào）过笑话？把你的故事写下来。如果你自己没有闹过笑话，就和你的同学聊一聊，然后把他们的故事写下来。

　　Have you ever made yourself a laughing stock when you were learning a foreign language? Please write down your stories. Maybe some people can't think of a story, you may go ahead and chat with your classmates and try to find a story. You can write down their experiences as well.

STEP 1　聊一聊 Have a conversation

请先与你的同学一起聊聊，说说你们学汉语的故事。请围绕下面的 5 个问题，用上指定的句式和词语，越多越好。

When chatting with your classmates, please include the following 5 questions and try to use as many given patterns and words as possible.

1. 故事是什么时候发生的？
   - ☑ 句式：verbal phrase + 的时候……
   - ☑ 词语：三年前　有一天　上个星期 / 上个月 / 去年

2. 故事是在哪儿发生的？
   - ☑ 句式：① 去 + place + verb　　② 在 + place + verb

3. 故事是怎么发生的？
   - ☑ 句式：① 先……然后……　　② 一……就……　　③ $sb._1$ 对 $sb._2$ 说："……"
     ④ 说得 adj.　　⑤ 写得 adj.　　⑥ 让 sb.+ verb　　⑦ 一边……一边……
   - ☑ 词语：练习　又说了一遍　连忙　用英语 + 说 / 解释 / 介绍 / 问　奇怪

4. 结果怎么样？
   - ☑ 句式：① verb + 错了　　② verb + 明白 / 懂　　③ 那么 + adj.
   - ☑ 词语：说错了 / 听错了 / 看错了　没听明白 / 没看明白　怪不得
     哈哈大笑起来　惊讶

5. 故事的主人公（zhǔréngōng / main character）感觉怎么样？
   - ☑ 词语：不好意思　紧张　高兴

STEP 2　写一写 Write

请尽可能使用指定的词语和句式写出你们的故事。最好按照时间顺序来写。

Write down what you have discussed with as many given words and patterns as possible. You're strongly encouraged to write the story in time sequence.

第 2 课　我说错了

....
....
....
....
....
....
....

标点符号的用法二 The usage of punctuations in Chinese 2

名称	功能	例句
顿号（、）	用在句中，分隔词或短语。Used in the middle of a sentence to separate words or pharases which are juxtaposed.	（1）苹果、西瓜和香蕉，都是我爱吃的水果。 （2）我站在门外看那些高高兴兴、又喊又叫的男男女女。
分号（；）	表示复句内部并列分句间的停顿。Used in a compound sentence to separate the clauses.	如果让我点菜，我就点扣肉；如果让他点，他就点西红柿炒鸡蛋。
省略号（……）	表示某些内容的省略。Used to indicate more to be omitted.	商店里有很多东西：衣服、鞋、电视……
书名号（《》）	表示书籍、文章、报刊、剧作、歌曲等的名称。Used to indicate the name of a book, magazine, article, newspaper, song, etc.	我买了一本《汉语学习》和一份《北京晚报》。

23

给下面的句子和段落加标点 Put proper punctuations in the blanks

1. 我今天买了很多菜（ ）肉（ ）鱼（ ）黄瓜（ ）土豆（ ）

2. 他想什么（ ）我都知道（ ）我想什么（ ）他不知道。

3. 我收到（shōudào / to receive）朋友的一封信（ ）知道他干得很好（ ）可是（ ）我这一年里什么也没干。

4. 我最喜欢的书是海明威（Hemingway）的（ ）老人与海（ ）（ ）你呢（ ）

5. 有一位很有名的作家到国外的一所大学讲课（ ）因为很多学生的英语听力不好（ ）所以（ ）他请了一个翻译（fānyì / translator）。

　　有一天（ ）他讲了一个又长又有意思的故事（ ）讲了大概（dàgài / about）20分钟以后（ ）他请翻译翻译（fānyì / to translate）一下（ ）那个翻译用了一分钟的时间就翻译完了（ ）学生们都哈哈大笑起来。

　　这位作家很奇怪（ ）他问（ ）（ ）请告诉我（ ）你怎么把那么长的故事（gùshi / story）翻译得那么短呢（ ）（ ）翻译笑着说（ ）（ ）我没有翻译你的故事（ ）我告诉学生们说（ ）老师刚才（gāngcái / just now）讲了一个很有意思的故事（ ）请大声地笑一笑吧（ ）（ ）

第3课 称呼问题

配套资源

词语一 Vocabulary 1

1.	老板	lǎobǎn	（名）	boss
2.	雇员	gùyuán	（名）	employee
3.	公司	gōngsī	（名）	company
4.	谈话	tán huà	（离）	to make conversations, to talk

爸爸今天晚上要和我谈话。不知道他要和我谈什么，我很紧张。

5.	回答	huídá	（动）	to answer
6.	皱着眉头	zhòuzhe méitou	（语）	frown

① 你这几天为什么总是皱着眉头？有什么不高兴的事儿？
② 别老皱着眉头，高兴一点儿。

7.	从来	cónglái	（副）	always, at all times, all along

① 那个老师从来都不迟到。
② 我从来没去过他家。

8.	直接	zhíjiē	（形）	direct

抱歉，我不能帮你请假，你直接跟老板说吧。

9.	称呼	chēnghu	（动/名）	to call, to name; a form of address

① 你怎么称呼你老师的爱人（wife / husband）？
② 这个称呼太奇怪了。

10.	任何	rènhé	（代）	any, whatever, whichever, all

① 任何时候我们都不能打孩子。你同意吗？
② 这是一个秘密（mìmì / secret），你不要告诉任何人。

11.	显得	xiǎnde	（动）	to look, to seem, to appear

① 你今天显得有点儿累。怎么了？
② 穿上这件衣服，你显得更漂亮了。

12.	亲密	qīnmì	（形）	close, intimate

妈妈和孩子的亲密关系对孩子很重要（zhòngyào / important）。

13.	叹气	tàn qì	（离）	to sigh

听了我的解释，他叹了一口气，可是，什么都没说。

25

词语练习　Vocabulary exercises

选词填空　Select the appropriate word to fill in the blank

> 亲密　　从来　　称呼　　任何　　回答　　直接

1. 虽然是朋友，可是他们的关系不太（　　　）。
2. （　　　）问题的时候，请你大声一点儿。
3. 在问路的时候，应该怎么（　　　）别人呢？
4. 我（　　　）不吃狗肉。
5. 有问题的话，请（　　　）问我，（　　　）问题都可以问。

> 公司　　皱着眉头　　老板　　谈话　　雇员

6. 在（　　　）里，常常只有一个（　　　），但有很多（　　　）。
7. 那个老师很喜欢跟学生（　　　），可是学生们都不喜欢他，因为他总是（　　　）。

阅读一　Reading 1

老板与雇员

一个大公司的老板叫一个新雇员到他的办公室谈话。

"你叫什么名字？"他问。

"John。"那个新来的人回答。

老板皱着眉头说："我从来不直接称呼任何人的名字，因为那显得太亲密了。我只用姓来称呼我的雇员。我的雇员也只称呼我 Robert 先生。现在，我们直接说吧，你姓什么？"

那个新来的雇员叹了一口气，说："Darling，John Darling。"

"好吧，John，我要跟你说的第二件事儿是……"

第 3 课　称呼问题

阅读理解练习　Reading comprehension

一、选择正确答案　Choose the correct answer

1. 老板为什么不喜欢称呼雇员的名字？
   A. 因为他在公司里
   B. 因为他不喜欢跟雇员太亲密
   C. 因为雇员只称呼他的姓

2. John 为什么在老板的办公室里？
   A. 因为老板想知道他的姓
   B. 因为他要和老板有亲密的关系
   C. 因为老板要和他谈话

二、判断正误　True or false

☐ 1. 老板只喜欢称呼雇员的姓，不喜欢称呼他们的名字。
☐ 2. 老板想和他的雇员关系亲密一些。
☐ 3. 新来的雇员喜欢老板称呼他的名字。
☐ 4. 新雇员不舒服（shūfu / comfortable），所以他叹气。

三、回答问题　Answer the questions

1. 老板为什么最后直接称呼新雇员的名字？（请使用下面的段落。Please use the following schema to answer the question.）

    这个老板从来不_____，他觉得_____，可是，新雇员_____，如果称呼他的姓，就_____，所以，_____。

2. 你觉得老板直接称呼雇员的名字好不好？为什么？（请尽量使用下面的词语和句式。Please try to use the following words and schema to answer the question.）

> 称呼　亲密　特别是　答应　生气　愿意（yuànyì / to be willing to）

我觉得＿＿＿＿＿＿＿＿＿＿＿＿＿＿＿＿＿＿＿＿＿＿＿＿＿＿＿＿＿＿＿＿，因为＿＿＿＿＿＿＿＿＿＿＿＿＿＿＿＿。特别是＿＿＿＿＿＿＿＿＿＿＿＿＿＿的时候，如果＿＿＿＿＿＿＿＿＿＿＿＿＿＿＿＿，就可能＿＿＿＿＿＿＿＿＿＿＿＿＿＿＿＿。

词语二 Vocabulary 2

| 1. | 时代 | shídài | （名） | the times, the age, an epoch, an era |

时代不同了，现在很多人都不爱看电视了。

| 2. | 语言 | yǔyán | （名） | language |

汉语是世界上使用人数最多的一种语言。

| 3. | 落伍 | luò wǔ | （离） | to be behind the times |

你得不断学习新知识，这样才不会落伍。

| 4. | 姑娘 | gūniang | （名） | girl |

| 5. | 热情 | rèqíng | （形） | zeal, enthusiasm, ardour |

她经常帮助别人，对人总是很热情。

| 6. | 换 | huàn | （动） | to exchange, to change |

① 我不喜欢黑的，给我换一个白的吧。
② 下午我要去银行换钱，把美元都换成人民币。

| 7. | 温柔 | wēnróu | （形） | gentle and soft, tender |

| 8. | 详细 | xiángxì | （形） | detailed |

① 老师详细地解释了那个词的意思。
② 你说得很详细，我们都知道了。

| 9. | 方向 | fāngxiàng | （名） | direction |

这个方向是"北"，那个方向是"南"。

| 10. | 托 | tuō | （动） | to hold in the palm of a hand |

| 11. | 下巴 | xiàba | （名） | the chin, a jaw |

她双手托着下巴坐在桌子前，好像在想什么问题。

第 3 课　称呼问题

12.	土	tǔ	（形）	unfashionable, to be out of style
	你这件衣服还是上个时代的样子，太土了。			
13.	赶时髦	gǎn shímáo	（语）	to follow the fashion
	玛丽很喜欢赶时髦，穿的衣服、用的手机都是最新的。			
14.	时髦	shímáo	（形）	fashionable, vogue
15.	忌讳	jìhuì	（名/动）	taboo; to avoid as taboo
	① 中国人过春节时有什么忌讳？			
	② 她很忌讳别人问她年纪。			
16.	邻居	línjū	（名）	neighbor
17.	阿姨	āyí	（名）	aunt

词语练习　Vocabulary exercises

选词填空　Select the appropriate word to fill in the blank

下巴　语言　温柔　姑娘　详细

1. 他会说四种（　　　）。
2. 那个（　　　）又漂亮又（　　　），很多人都想和她结婚。
3. 怎么回事？请你（　　　）地解释一下。
4. 他的（　　　）长得很像他的妈妈。

时髦　忌讳　邻居　热情　方向

5. 春节的时候，有很多（　　　），你说话要小心。
6. 我的（　　　）是个很（　　　）的人，她经常帮助我。
7. 那家饭店的服务员很（　　　），所以，我们都很喜欢去那里吃饭。
8. 你的（　　　）错了，你应该向东走。

阅读二 Reading 2

怎么称呼？

每个时代都有不同的语言。

很多时候，你是不是已经落伍了，在语言上就能看出来。你向一个姑娘问路，如果称呼她"同志"，她可能不太热情，不太愿意帮你的忙；要是你换个称呼"小姐"，她可能一下子变得温柔起来，详细地告诉你方向。

一位60岁的老太太，双手托着下巴对一个60岁的老大爷说："你们男生……我们女生……"请你不要奇怪，这是新称呼。"我们男人、我们女人"已经太土了，赶时髦的人都换了说法。

这个时代忌讳年纪大。我5岁的女儿都知道了这一点：她叫我们邻居一个女孩儿"阿姨"时，那女孩儿给了她一块糖；后来她叫女孩儿"姐姐"，得到了一把巧克力。

十年以后，我们该怎么称呼？

阅读理解练习 Reading comprehension

一、选择正确答案 Choose the correct answer

1. 下面哪个称呼已经落伍了？
   A. 小姐　　　B. 同志　　　C. 女生　　　D. 姐姐

2. 现在，"男生"是对（　　）的称呼。
   A. 年轻男人　B. 男人　　　C. 老男人　　D. 老大爷

第 3 课　称呼问题

3. 这个时代，人们喜欢（　　　）。
   A. 年纪大　　　B. 年轻　　　C. 赶时髦　　　D. 巧克力

4. 如果你称呼一个姑娘"阿姨"，她可能觉得（　　　）。
   A. 热情　　　B. 温柔　　　C. 奇怪　　　D. 不高兴

二、判断正误 True or false

☐ 1. 从一个人的语言上，可以看出来这个人是不是赶时髦。
☐ 2. 每个时代的称呼都有每个时代的特点。
☐ 3. 对别人的称呼，可能会影响（yǐngxiǎng / to influence）到他对你的态度（tàidù / attitude）。
☐ 4. 老太太都喜欢托着下巴说话。
☐ 5. 年轻姑娘不热情，可是很温柔。
☐ 6. 赶时髦的姑娘会详细地告诉别人怎么走。

三、根据课文内容填空 Fill in the blanks with words based on the reading passage

在现在的这个（　　　），大家都喜欢"小"，（　　　）年纪大。在路上，你碰到一个（　　　），称呼她"小姐"，她可能就会很（　　　）地帮助你；对一个（　　　）的 60 岁老太太，你也可以对她说："你们女生都应该温柔一点儿。"她听了也一定不会（　　　），因为对她来说，"你们女人"这个说法可能已经太（　　　）了。

四、跟你的同学一起谈谈，在你们国家称呼有什么变化。

写作 Writing

任务一 Task 1　简单的动作描写（2）Action description (2)

在汉语里，我们还可以使用下面的句式对动作进行描写：

If you need to describe an action in Chinese, you can also use the following pattern:

☑ **句式：sb. + verb₁ 着 + （object） + verb₂**

例：（1）老板皱着眉头说："我从来不直接称呼任何人的名字。"
　　（2）她总是托着下巴听课。

（1）请你使用下面的词语，试着描写一下动作：

Please try to use the following words to describe some actions in Chinese:

☑ 描写性状语（descriptive expressions）

　皱着眉头　托着下巴　笑着　哭着　摇（yáo）着头

☑ 动词（verb）

　说　问　看　听　唱

....

....

....

....

（2）请把你造出来的句子扩展为两到三句：

Please expand your sentences into a discourse including two or three sentences:

S 样本 (samples)

1. 听了他的话，老板皱着眉头说："我从来不直接称呼任何人的名字。"
2. 这个问题太难了，他皱着眉头听了很长时间，也没听明白。

....
....
....
....
....

任务二 Task 2　按照时间顺序叙事 Narration in time sequence

请按照逻辑顺序，给下面的句子排序：

Put the following sentences in order so that they make sense logically:

☐ "老师，"大卫小声说，"如果我不去看她，她就变成（biànchéng / to change into）历史了。"

☐ 星期一去上历史课的时候，大卫突然想起来，他有一个重要的作业忘了做。

☐ "大卫，"教授（jiàoshòu / professor）皱着眉头说，"历史课重要，还是你女朋友重要？"

☐ 他紧张地走到教授那里，说："老师，对不起！我上个周末去看女朋友，忘了做作业。"

任务三 Task 3　讲故事 Storytelling

把下面的小笑话翻译成汉语，注意用上下面的两个结构：

Translate the following joke into Chinese, using the two given patterns:

☑ 句式：① sb. + verb₁ 着 +（object）+ verb₂

　　　　② subject + adj. 地 + verb

On the teachers' day, all of the students from Hogwarts School gave the teachers who they love flowers.

Almost everyone received a red rose[1], but Professor Snape only received a bouquet of carnations[2]. He held[3] the bouquet of carnations standing on the stairs and shouted loudly: "Am I ugly, I can only receive carnations?" After shouting, he looked at the corridor and found that the headmaster Dumbledore, white haired, holding a greater bouquet of carnations, staring at him.

Notes: 1. 玫瑰（méiguī）　2. 一束（shù）康乃馨（kāngnǎixīn）　3. 抱（bào）

....
....
....
....
....

任务四　Task 4　对比说明 comparison

话题 (Topic)：忌讳 (Taboo)

STEP 1　聊一聊 Have a conversation

（1）请用下面的句式和词语，聊聊你们国家有什么忌讳。
Chat with your classmates to find out what taboos there are in different countries. Try to use the following patterns and words in your conversations.

☑ 句式：①……的时候，不能……　　②……的时候，最好不要……

词语：亲密　奇怪　如果……，就显得……　不好意思　生气　要是……，可能……　礼貌

....
....
....
....

第 3 课　称呼问题

（2）请比较：在同一个事情上，你们国家和另一个国家忌讳有什么不同。

Compare the taboos of the same kind between your own country and another country.

……………………………………
……………………………………
……………………………………
……………………………………
……………………………………

> **S 样本 (sample)**
>
> 在美国，和朋友聊天儿的时候，不能问他每个月老板给他多少钱。如果问了，就显得很不礼貌；可是，在中国，朋友之间常常问这个问题，他们一般不会生气。

（3）请比较：你们国家某一个忌讳，现在和以前有什么变化。

Please try to find out what changes have occurred to some taboos over time in your country.

……………………………………
……………………………………
……………………………………
……………………………………
……………………………………

> **S 样本 (sample)**
>
> 以前，和朋友聊天儿的时候，可以聊一聊老板每个月给他多少钱。可是，现在，越来越多的中国人，特别是时髦的年轻人，不喜欢这个问题了。如果你问他这个问题，他可能不会告诉你，你也显得有点儿落伍了。

STEP 2　写一写 Write

根据你们的讨论，写一篇文章，谈谈不同国家的忌讳和忌讳的变化。

Write an essay about taboos in different countries based on your discussion. You're required to include both the difference between countries and changes of taboos over time in your own country.

每个国家都有自己的忌讳。

忌讳在不同的时代，也可能不同。

第 4 课 爱的故事

配套资源

词语一 Vocabulary 1

1. 偷偷　　tōutōu　　（副）　　stealthily, secretly, covertly
   他没有告诉妈妈，偷偷地走了。

2. 敢　　gǎn　　（动）　　dare
   我敢和刚认识的人约会，你敢吗？

3. 表白　　biǎobái　　（动）　　to express (or state) clearly, to bare one's heart
   ① sb.₁ 向 sb.₂ 表白
   ② 如果你喜欢她，就赶紧向她表白吧。

4. 同事　　tóngshì　　（名）　　a colleague, a fellow worker
   四年前，他是我的同学，也是我的同屋。现在，他是我的同事，我们在同一家公司工作。

5. 替　　tì　　（动/介）　　to take the place of; on behalf of
   ① sb.₁ 替 sb.₂ + verb
   ② 我病了，不能去上课了，你替我告诉老师，好吗？

6. 着急　　zháo jí　　（形/离）　　anxious
   ① 别着急，慢慢来。
   ② 八点上课，现在才七点半，你着什么急？

7. 希望　　xīwàng　　（动/名）　　to hope, to wish; hope, wish
   ① 我希望你的身体能好一点儿。
   ② 健康快乐是她对孩子的全部希望。

8. 启发　　qǐfā　　（动/名）　　to inspire, to enlighten; edification, enlightenment
   ① 这次谈话启发了很多同学。
   ② 他的话给了我很大的启发。

9. 精彩　　jīngcǎi　　（形）　　splendid, spectacular (performance, etc.)

10. 赶紧　　gǎnjǐn　　（副）　　hurriedly, post-haste
    ① 听说那场音乐会很精彩，他赶紧就去买票了。
    ② 没有时间了，你赶紧走吧。

37

| 11. 背 | bèi | （动） | to learn and recite something by heart |

你觉得背课文是不是一个学习汉语的好办法？

| 12. 抬 | tái | （动） | to lift, to raise |

你抬头看看，那是什么？

| 13. 传达室 | chuándáshì | （名） | a janitor's room, an information bureau |

| 14. 讲 | jiǎng | （动） | to tell, to explain |

① 我给你讲一个故事。
② 那个老师讲课讲得很精彩。

词语练习　　Vocabulary exercises

选词填空 Select the appropriate word to fill in the blank

　　替　　启发　　精彩　　表白

1. 那个电影很（　　），我们都很喜欢。
2. 我今天不能去公司，你（　　）我告诉老板，好吗？
3. 虽然我喜欢他，可是，我是一个姑娘，怎么能主动向他（　　）呢？
4. 这个问题应该怎么回答呢？你给我一点儿（　　）吧。

　　赶紧　　背　　抬　　着急

5. 电影马上要开始了，可他坐的车半路坏了，真替他（　　）。
6. 那位老师常常让学生（　　）课文。他觉得这是学习语言的好办法。
7. 我们（　　）跑吧，快来不及了。
8. 请你帮我把这张桌子（　　）过去，好吗？

第4课　爱的故事

阅读一 Reading 1

问　路

小刘（Liú）偷偷地喜欢小梅（méi）已经好久了，可是他一直不敢表白。同事们都替他着急。

有一天，我在书上看到一个故事，就讲给小刘听，希望能给他一些启发。故事里有个男孩儿对女孩儿说："我能向你问个路吗？"女孩儿问："你要去哪里？"男孩儿说："我要去你的心里……"一听我讲完，小刘就高兴地跳起来，说："这几句表白太精彩了，我得赶紧背下来。"

第二天一上班，小刘就在公司门口等小梅。等了半天才看到小梅背着包跑过来。小刘赶紧跑过去，温柔地问："小梅，我能向你问个路吗？"小梅头都没抬地回答："问传达室的李大爷吧，他哪儿都知道。"

阅读理解练习　Reading comprehension

一、选择正确答案 Choose the correct answer

1. 小刘和小梅是什么关系？
   A. 他们关系不太好　　　　　B. 他们是同事，在同一家公司上班
   C. 小刘喜欢小梅，小梅不喜欢他

2. 小刘为什么很高兴？
   A. 他看到了很有意思的书　　B. 他喜欢小梅很久了
   C. 他找到了表白的办法

二、判断正误 True or false

☐ 1. 小刘很希望和小梅谈恋爱。
☐ 2. 同事们不希望小刘和小梅谈恋爱。
☐ 3. 书上的男孩儿向女孩儿求爱（to pay court to sb.）的方法很精彩。
☐ 4. 小刘听了故事后，受到了启发。
☐ 5. 小梅不认识路。

三、根据课文内容填空 Fill in the blanks according to the reading passage

小刘和小梅是（　　　），他们在同一家公司上班。小刘（　　　）地喜欢小梅很久了，可是他一直不好意思（　　　）。我（　　　）他着急，想了一个办法帮助他。我给他讲了一个表白的故事，想给他一些（　　　）。小刘听完这个故事以后，非常（　　　），他决定也用同样的办法向小梅表白。可是，他失败了。

词语二 Vocabulary 2

1.	研究生	yánjiūshēng	（名）	postgraduate
2.	谈恋爱	tán liàn'ài	（语）	to be in love with

① 在你们国家，年轻人一般多少岁开始谈恋爱？
② 你谈了几次恋爱？

3.	注意	zhùyì	（动）	to take notice of, to pay attention to

你注意到没有，她今天穿得很时髦。

4.	自习	zìxí	（动）	to study individually

我晚上常常去图书馆自习。

5.	内向	nèixiàng	（形）	introverted

他是一个很内向的人，可是他的爱人很外向。

6.	默默	mòmò	（副）	quietly, silently

他的狗死了，他默默地看着它，很难过。

7.	背影	bèiyǐng	（名）	the sight of one's back, figure viewed from behind

第 4 课　爱的故事

| 8. 心爱 | xīn'ài | （形） | beloved |

这是我最心爱的东西，我从来都不借给别人。

| 9. 仍然 | réngrán | （副） | still, as before, as usual, all the same |

虽然已经40岁了，可是，她仍然很漂亮。

| 10. 秘密 | mìmì | （名） | confidentiality, secret |

不要偷偷地看别人的日记，因为日记里常常有很多秘密。

| 11. 决定 | juédìng | （动/名） | to decide, to make up one's mind; decision |

① 我们决定明天早上六点出发。
② 这是一个重要的决定。

| 12. 于是 | yúshì | （连） | thus, hence, consequently |

我跟她聊得很高兴，于是，我决定跟她约会。

| 13. 鼓励 | gǔlì | （动/名） | to urge, to encourage; encouragement |

① 妈妈经常鼓励孩子好好学习。
② 谢谢你的鼓励，现在我不担心了。

| 14. 终于 | zhōngyú | （副） | at last, finally, eventually |

今天的作业太多了，我从八点开始做，一直做了四个小时，现在终于做完了。

| 15. 递 | dì | （动） | to pass over, to hand over |

你把那支笔递给我，好吗？

| 16. 纸条 | zhǐtiáo | （名） | a slip of paper |

① 上中学的时候，你给喜欢的女孩子写过纸条吗？
② 你的桌子上有一张纸条。

| 17. 收拾 | shōushi | （动） | to put things in order, to clear away, to clean up |

① 妈妈让孩子自己收拾房间，孩子不高兴。
② 你赶紧收拾一下，我们10分钟后就出发。

词语练习　Vocabulary exercises

选词填空 **Select the appropriate word to fill in the blank**

> 谈恋爱　内向　鼓励　秘密　默默　仍然

1. 他是一个很（　　　）的人，从来也不告诉别人他的（　　　）。
2. 上中学的时候，不可以（　　　）吗？
3. 没有人听他说话，他（　　　）地离开了。

4. 十年过去了，我（　　　）爱着他，可是，他已经结婚了。

5. 要多（　　　）孩子，这样，孩子才能对自己有信心（xìnxīn / confidence）。

> 收拾　心爱　敢　递　终于

6. 请不要生气，这是我最（　　　）的东西，我不能给你。

7. 我练习了几遍，（　　　）会说了。

8. 请把那本书（　　　）给我。

9. 如果你爱一个人，你（　　　）向他表白吗？

10. 快（　　　）东西，我们马上就要出发了。

阅读二 Reading 2

你先走吧……

他现在已经上研究生二年级了，可是，还从来没有谈过恋爱。

大四上学期那年，他一直在113教室学习。在那里，他注意到一个女孩儿。那个女孩儿也一直在113教室自习，而且，每次都坐在他前面。他越来越喜欢她了。但是，内向的他一直不敢表白，只是每晚默默地看着她的背影。

大四下学期，已经不用上自习了，可为了心爱的女孩儿，他仍然每天去上自习。当他把这个秘密告诉好朋友们后，他的6个好朋友决定帮帮他。

于是，一天晚上，7个人一起去了113教室。在朋友们的鼓励下，他终于给那个女孩儿递了一张纸条。

女孩儿看完纸条后，开始收拾书包。收拾好以后，她站起来，转身问他："我要走了，你要不要和我一起走？"

他头都没抬地说："你先走吧，我还有几页书没看完。"

阅读理解练习　Reading comprehension

一、选择正确答案　Choose the correct answer

1. 他为什么从来没有谈过恋爱？
   A. 他没有遇到自己喜欢的女孩儿
   B. 他不想谈恋爱
   C. 他太内向了

2. 大四的时候，他怎么认识了一个女孩儿？
   A. 他上自习的时候遇到的
   B. 他的朋友给他介绍的
   C. 女孩儿给他写了一张纸条

3. 后来，他为什么决定告诉女孩儿自己喜欢她？
   A. 他太喜欢那个女孩儿了，忍不住（rěnbuzhù / can't help）要告诉她
   B. 他知道快毕业了，得马上告诉她
   C. 他的朋友们鼓励他

二、判断正误　True or false

☐ 1. 女孩儿只看过他的背影，不知道他长什么样子。
☐ 2. 女孩儿可能同意做他的女朋友。
☐ 3. 女孩儿从来没注意过他。

三、回答问题 Answer the questions

1. 故事里的男孩儿为什么决定向女孩儿表白？（在……的鼓励下）
2. 故事里的男孩儿为什么不和女孩儿一起离开教室？

四、根据课文内容完成下列对话

Complete the dialogues based on the reading passage

A：都大四下学期了，你怎么还那么努力？天天去上自习。说，是不是有什么秘密？

B：_____。

A：哦，你已经喜欢她很久了！那就快表白吧。

B：_____。

A：别怕，我来帮你。今天晚上你可以_____。

B：好吧，谢谢你的_____。

写作 Writing

任务一 Task 1　写一张纸条 Writing a message

故事里的男孩儿在纸条上可能写了些什么话？请你用下面这些词语帮他写一张纸条吧。

What did the boy write on the slip of paper? Please try to use the following words to help him write the message.

注意　好感　越来越　表白　愿意

....

....

....

样本 (sample)

同学：

你好。

我是中文系的，想和你交个朋友，你愿意吗？

刘刚

9月10日

第4课　爱的故事

任务二　Task 2　写信——较为复杂的叙事
Write a letter: complicated narration

话题 (Topic)：爱的故事

如果你是故事里的那个女孩儿。15年后，你给你自己的孩子写一封信：你回忆起这段经历，告诉你的孩子关于爱的故事。请包括以下6个方面的内容，并尽量使用下面的句式和词语。

Suppose you were the girl in the story. Fifteen years later, you were writing a letter to your child to talk about your love memory and what is love. Please use as many given patterns and words as possible and include the following six parts in your writing.

1. 开头

    ☑ 词语：告诉　故事

2. 你怎么认识这个男孩儿的？

    ☑ 句式：① vp 的时候　　② 越来越 + adj. / verb　　③ 一直 verb

    ☑ 词语：教室　实习

3. 你觉得他怎么样？对他有没有好感？

    ☑ 句式：① adj. + adj. 的　　② 看起来

    ☑ 词语：帅　性格　内向　努力　好感

4. 你收到纸条后，心情怎么样？

    ☑ 句式：$sb._1$ 给 $sb._2$ + verb

    ☑ 词语：纸条　高兴　决定　收拾

5. 听到男孩儿的回答后，你怎么想？

    ☑ 句式：头都没抬地 verb

    ☑ 词语：吃惊

6. 对孩子说什么？

    ☑ 词语：希望

样本 (sample)

刘老师：

　　您好！

　　您的信我收到了，但是因为忙，也因为我的汉语不好，过了这么久才给您写信，请您原谅。您一切都好吧？

　　我到中国已经半年多了……

　　我原来打算今年八月回国，但是我已经决定继续（jìxù / to continue）在中国学习，到明年八月再回国。在这一年里，我想多了解（liǎojiě / to get acquainted with）一点儿中国文化，多交一些朋友。

　　祝您身体健康！

您的学生：玛丽
4月10日

第 4 课　爱的故事

任务三　Task 3　系列动作的描写 Description of action sequence

STEP 1　读一读 Read

请再读一遍下面的文字，注意系列动作的描写。
Please read the following paragraphs once more and pay attention to the description of the action sequence.

（1）第二天一上班，小刘就在公司门口等小梅。等了半天才看到小梅背着包跑过来。小刘赶紧跑过去，温柔地问："小梅，我能向你问路吗？"小梅头都没抬地回答："问传达室的李大爷吧，他哪儿都知道。"

（2）女孩儿看完纸条后，开始收拾书包。收拾好以后，她站起来，转身问他："我要走了，你要不要和我一起走？"

STEP 2　写一写 Write

请仿照这两段课文，写出一系列的动作。
Please try to describe the action sequence on the model of the two paragraphs you've read before.

（1）来北京的第一天

……………………………………

……………………………………

……………………………………

……………………………………

……………………………………………………………………………………

……………………………………………………………………………………

样本 (sample)

　　一下飞机，我就给朋友打电话。等了半天，才看到朋友跑过来。我赶紧走过去，高兴地说："谢谢你来接我。"朋友也高兴地说："不客气，很高兴你来北京。"

（2）在饭店里点菜

> **样本 (sample)**
>
> 看完菜单以后，我们开始点菜。因为看不懂菜单，我们问服务员什么菜好吃，可是，服务员在看手机，她头都没抬地说："你们自己决定吧。"说完以后，她转身走了。于是，我们站起来离开了那家饭店。

任务四 Task 4　写故事——较为复杂的叙事
Writing a story: complicated narration

请用指定的句式描写图片里的故事，写出一系列的动作。

Please narrate the action sequence in the following pictures using the given patterns.

都是因为爱

第 4 课　爱的故事

☑ 句式：① sb. 一……就 verb　　② sb. 赶紧 / 连忙 + verb
　　　　③ adj. 地 + verb　　　　④ verb₁ 了半天 + 才 + verb₂
　　　　⑤ 坐在 + place　　　　　⑥ 从 + place + verb 下来 / 下去
　　　　⑦ vp（以）后　　　　　 ⑧ 开始 + verb

第 5 课 谢谢您，妈妈

配套资源

词语 Vocabulary

1.	去世	qùshì	（动）	to pass away, to depart (from) this life

他的狗死了，爷爷也去世了，他很难过。

| 2. | 心情 | xīnqíng | （名） | a mood, a frame of mind, a temper |

心情不好的时候，你喜欢做什么？

| 3. | 为了 | wèile | （介） | for the sake of, in order to |

① 为了不让妈妈担心，我每个星期给她打两次电话。
② 为了你，他什么都愿意做。

| 4. | 寂寞 | jìmò | （形） | lonely, lonesome |

一个人在国外，没有朋友，有时候会觉得很寂寞。

| 5. | 抢 | qiǎng | （动） | to snatch, to rob, to rush |

① 别抢别抢，每个人都有一个。
② 老师进来了，孩子们都抢着要跟他说话。

| 6. | 当时 | dāngshí | （名） | at that time |

他八年前去世了，当时他的女儿才一岁。

| 7. | 除了 | chúle | （连） | besides, except |

① 除了茶，我还喜欢喝咖啡。
② 除了茶以外，其他（qítā / other）的饮料我都不喜欢。

| 8. | 博士 | bóshì | （名） | a doctor (an academic degree) |

| 9. | 的确 | díquè | （副） | indeed |

没错，我的确不知道，你问别人吧。

| 10. | 轻松 | qīngsōng | （形） | relaxed, free and easy |

① 我希望能有一个轻松的生活。
② 这个周末，我们去酒吧轻松一下儿吧。

| 11. | 突然 | tūrán | （形） | sudden; suddenly |

① 他来得很突然，我一点儿准备也没有。
② 正在上课的时候，他突然大声唱起歌来。

第5课　谢谢您，妈妈

12. 日子　rìzi　（名）　day, time, duration
    ① 跟他在一起的那段日子，我很快乐（kuàilè / happy）。
    ② 今天是他们结婚的日子。

13. 实在　shízài　（副/形）　really, truly; honest, true
    ① 你实在不应该告诉他那个秘密。
    ② 虽然小张平时爱胡说（húshuō / to talk nonsense），他人却很实在。

14. 幸福　xìngfú　（形/名）　happy; happiness
    ① 他有一个幸福的家。
    ② 遇见你是我一生中最大的幸福。

15. 表示　biǎoshì　（动）　to show, to express

16. 辛苦　xīnkǔ　（形）　hard, toilsome, painstaking
    ① 您辛苦了，好好休息。
    ② 一个人在国外生活，你觉得辛苦吗?

17. 感谢　gǎnxiè　（动）　to thank, to be grateful, to appreciate

18. 害羞　hài xiū　（形/离）　shy, bashful
    ① 别害羞，喜欢她就应该大胆向她表白。
    ② 见到喜欢的人，她害起羞来，不敢说话。

19. 恐怕　kǒngpà　（副）　probably, I'm afraid
    ① 恐怕我不能帮你，抱歉。
    ② 他恐怕不会答应，你还是别问他了。

20. 藏　cáng　（动）　to hide, to conceal
    ① 孩子把日记本藏起来了，不让妈妈看。
    ② 你想把这个秘密藏到什么时候?

21. 鼓足勇气　gǔzú yǒngqì　（语）　to call up all one's courage
    他鼓足勇气请那个女孩儿喝咖啡，可是，女孩儿没答应，他觉得很不好意思。

22. 表情　biǎoqíng　（名）　a facial expression, an emotional expression
    一看你的表情，我就知道你心里在想什么。

23. 急忙　jímáng　（副）　in a hurry
    ① 看到她哭了，大卫急忙向她道歉。
    ② 我看见他急急忙忙地走了，不知道发生了什么事儿。

24. 悄悄　qiāoqiāo　（副）　quietly, on the quiet
    上课的时候，小刘悄悄地递给她一张纸条儿。

25. 发现　fāxiàn　（动/名）　to discover, to find out; discovery
    ① 我发现热情的服务员都很温柔。
    ② 来中国后，我有很多新发现。

26. 厨房　chúfáng　（名）　kitchen

51

| 27. 居然 | jūrán | （副） | unexpectedly, to one's surprise |

你从来没在中国学习过，可是你的发音居然这么标准，太让我惊讶了。

| 28. 恢复 | huīfù | （动） | to restore, to recover, to regain |

别担心，他已经恢复了健康。

| 29. 习惯 | xíguàn | （名/动） | habit; to be accustomed to |

① 这么多年来，他一直保持着早上跑步的习惯。
② 他刚来中国，对这里的生活还不习惯。

词语练习　　Vocabulary exercises

选词填空　Select the appropriate word to fill in the blank

　　害羞　　去世　　恢复　　寂寞　　鼓足勇气　　藏　　发现

1. 奶奶（　　　）了，爷爷很（　　　），每天皱着眉头叹气。有一天，他去咖啡馆，认识了一个老奶奶。爷爷一下子爱上了她。可是，爷爷是一个很（　　　）的人，他不敢向她表白，也不敢告诉别人，一直把这个秘密（　　　）在心里。过了一个月，爷爷的朋友终于（　　　）了他的秘密，给了他很多鼓励。于是，爷爷（　　　）告诉了老奶奶。现在，爷爷（　　　）了他的快乐。

　　实在　　决定　　心情　　表情　　恐怕　　轻松　　抢　　的确

2. 在那家公司工作，（　　　）太忙了，每天都得工作到很晚，老板还常常找我谈话。所以，我每天的（　　　）都不好。我担心如果长时间这样，（　　　）要生病。于是，我（　　　）换一个（　　　）一点儿的工作。昨天，我去了老板的办公室，告诉他我要离开。老板听了以后，（　　　）非常惊讶地说："什么？很多人都（　　　）着来我的公司，可是，你要离开！"我回答说："这个公司（　　　）不错，可是，对我不合适（héshì / suitable），我想过快乐的生活。"

第5课 谢谢您，妈妈

阅读 Reading

谢谢您，妈妈

父亲去世后，母亲一直心情不好。为了不让她觉得太寂寞，我们把她接过来，和我们一起住。在那段时间里，她总是抢着帮我做饭。当时，我除了教书以外，还在读博士。有了母亲的帮助，我的确轻松了很多。

有一天，在学校教完上午的课，开车回家的路上，我突然想到，有母亲的日子实在太幸福了。如果母亲不在，我自己回家做完饭后，下午两点再去当学生，该多辛苦啊！可是我为什么从来没有对母亲说过谢谢呢？难道母亲不想听女儿的感谢吗？

我决定一进门就要对母亲表示感谢。

可是，我一打开门，母亲就笑着对我说："回来啦，快吃饭吧。"我突然一阵害羞，没能说出来。吃饭的时候，我一直在找机会跟母亲说，可是饭吃完了，我还是没说出来。好着急啊！再不说，这句话恐怕就只好藏在心里了。我低头看着碗，终于鼓足勇气说："妈妈，我觉得自己好幸福！四十几岁的人了，每天还有妈妈做好了饭菜等我回家吃。"

我头都不敢抬，很快说完了这句话，也不敢看母亲的表情，就急忙走进书房，拿了书，跑出了家门。

晚上从学校回来，我悄悄地打开门，发现母亲已经在厨房忙上了。她居然恢复了以前的习惯，在厨房里一边做着菜，一边唱着歌。这是父亲去世后她第一次开口唱歌。

文化注释 (culture tips)

亲不言谢

与一位朋友聊天儿，聊到他给了我很多帮助。我说："谢谢。"他说："老朋友了，客气什么呢？朋友之间不用说谢。"

是啊，真正的朋友，可能一辈子也不说一个"谢"字。可是，心里知道，只有朋友才会这样帮自己；心里也知道，只要朋友需要，自己什么时候都会在他身边。朋友在心里，不在嘴上。

传统（chuántǒng / traditional）的中国家庭里，家人之间一辈子可能也不会说一个"谢"字，就是这个道理（dàolǐ / reason）。你觉得家人、朋友之间应该不应该常常说"谢谢"？为什么？

阅读理解练习　Reading comprehension

一、猜一猜句子里画线词语的意思

Guess the meaning of those underlined words

1. 为了不让她觉得太寂寞，我们把她<u>接过来</u>，和我们一起住。
2. 我决定一进门就要对母亲<u>表示</u>感谢。
3. 吃饭的时候，我一直在找<u>机会</u>跟母亲说，可是饭吃完了，我还是没说出来。
4. 我急忙走进<u>书房</u>，拿了书，跑出了家门。
5. 在过去，中国的<u>朋友之间</u>、<u>家人之间</u>一般不用说"谢谢"。
6. <u>亲不言谢</u>。

二、选择正确答案　Choose the correct answer

1. 我把母亲接过来一起住，因为＿＿＿＿＿＿。

    A. 我很寂寞
    B. 我希望母亲帮我的忙
    C. 父亲去世了，我心情不好
    D. 母亲很寂寞

2. 我很忙，因为_____。

　　A. 我的学校离家很远，每天要开车上下班

　　B. 我一边工作，一边读博士

　　C. 我又要教学生，又要带孩子

　　D. 我要自己做饭

3. 我从来没对母亲说过谢谢，因为_____。

　　A. 我觉得不用感谢自己的母亲

　　B. 我不敢说

　　C. 我没有时间说

　　D. 我不好意思说

4. 母亲_____。

　　A. 很喜欢做饭，每天抢着做饭

　　B. 很厉害（lìhai / tough），我很怕她

　　C. 喜欢在厨房里唱歌

　　D. 在父亲去世后，很寂寞

三、回答问题 Answer the question

为什么我一吃完饭就急忙离开了？

四、根据课文内容填空

Fill in the blanks with words based on the reading passage

爱人去世后，女儿把我_____。她每天很忙，上午_____，下午_____，所以，我_____，让她_____。每天有很多事做，我觉得不那么_____了，可是，我的心情一直不太好。今天中午，女儿突然_____，我才知道_____，我也该_____快乐，不要一直不开心。

写作 Writing

任务一 Task 1　写请假条 Writing a note to request a leave of absence from work

假如你是"我",父亲去世了,你要回老家接母亲。写一张请假条给你的老板。
Your father passed away, and you planned to pick up your mother at hometown to live with you. Use a first-person narrative, and write a note to your boss asking for a leave from work.

S 样本 (sample)

老师：
　　您好。真对不起,今天我感冒了,发烧、咳嗽,身体很不舒服,不能去上课了。我请假一天,希望您批准（pīzhǔn / to approve）。

　　　　　　　　　　　大卫
　　　　　　　　　　11月15日

任务二 Task 2　简单的心理描写 Description of thoughts

STEP 1　读一读 Read

请再读一遍这段课文,看看作者是怎么描写她的内心的。
Read the following paragraph once more to see how the author describes her thinking.

　　有一天,在学校教完上午的课,开车回家的路上,我突然想到,有母亲的日子,实在太幸福了。如果母亲不在,我自己回家做完饭后,下午两点再去当学生,该多辛苦啊!可是我为什么从来没有对母亲说过谢谢呢?难道母亲不想听女儿的感谢吗?

第 5 课　谢谢您，妈妈

STEP 2 写一写 Write

请仿照这个段落，和你的同学一起，描写一个心理活动。
Now write a short paragraph with your classmates to describe a person's thinking.

- ☑ 段落格式：有一天，我……的路上（的时候），突然想到……如果……该多 adj. 啊！可是，我为什么从来没 / 不……呢？难道……吗？
- ☑ 句式：① 对 sb. 说　　② 请 sb. + verb
- ☑ 词语：去上课　开心　告诉　上班　高兴　回家　好　问　看朋友　惊讶　表白

（1）情景（Scenario 1）：父亲去世后，"母亲"被"女儿"接来同住。有一天晚饭后，"母亲"一人出去散步（sàn bù / to go out for a walk）。写写"母亲"当时心里的想法。

…………………………………………………………………………………
…………………………………………………………………………………
…………………………………………………………………………………
…………………………………………………………………………………
…………………………………………………………………………………

（2）情景（Scenario 2）：你很喜欢一个男孩儿 / 女孩儿，一直没有表白。有一天，你决定向他 / 她表白。

…………………………………………………………………………………
…………………………………………………………………………………
…………………………………………………………………………………
…………………………………………………………………………………
…………………………………………………………………………………

任务三 Task 3　心理变化的描写 Description of changes in thoughts

STEP 1　读一读 Read

请再读一遍这段课文，看看作者是怎么描写她的心理变化过程的。
Read the paragraph once more and think about how the author describes the way her thinking has changed.

　　我决定一进门就要对母亲表示感谢。
　　可是，我一打开门，母亲就笑着对我说："回来啦，快吃饭吧。"我突然一阵害羞，没能说出来。吃饭的时候，我一直在找机会跟母亲说，可是饭吃完了，我还是没说出来。好着急啊！再不说，这句话恐怕就只好藏在心里了。我低头看着碗，终于鼓足勇气说："妈妈，我觉得自己好幸福！四十几岁的人了，每天还有妈妈做好了饭菜等我回家吃。"

STEP 2　写一写 Write

请仿照这个段落，和你的同学一起，描写一个心理变化过程。
Write a short paragraph with your classmates to describe how a person has changed his/her thoughts.

☑ 段落格式：我决定……
　　　　　　可是，……我突然一阵……　……的时候，我一直……可是，……
　　　　　　好 adj. 啊。再不 verb，恐怕就……我终于……

（1）情景（Scenario 1）："女儿"表示感谢后，"母亲"也想表示感谢……

　　……………………………………………………………………………………………………
　　……………………………………………………………………………………………………
　　……………………………………………………………………………………………………
　　……………………………………………………………………………………………………

（2）情景（Scenario 2）：一个星期前，你做了错事。现在，你终于决定要告诉父母/朋友，向他（们）道歉。

………………………………………………………………………………………

………………………………………………………………………………………

………………………………………………………………………………………

………………………………………………………………………………………

………………………………………………………………………………………

任务四 Task 4 按照时间顺序叙事，同时描写心理变化
Narration in time sequence and description of one's thinking

话题 (Topic)：我和女儿的故事

任务：假如你是课文里的母亲，写一写你和女儿的故事。请包括以下4个方面的内容，并尽量使用下面的词语和句式。

Suppose you were the mother in the story. Write down the story of you and your daughter. Please use as many given patterns and words as possible and cover the following four points in your writing.

1. 爱人去世后，你的心情怎么样？
   ☑ 句式：vp 以后
   ☑ 词语：一直　寂寞
      例：爱人去世后，我心情一直很不好。

2. 到女儿家以后，你怎么样？
   ☑ 句式：① sb.₁ 帮 sb.₂ + verb　　②忙着 + verb　　③虽然……，但是……
   ☑ 词语：辛苦　轻松　想念（xiǎngniàn / to miss）
      例：我每天忙着学习，很辛苦。

3. 有一天，女儿回家后，好像有些怪怪的，你怎么想的？（你内心的思考）
   ☑ 句式：一……就……
   ☑ 词语：好像　看起来　着急

4. 女儿突然对你表示感谢，你听了以后，心情怎么样？（你的心理变化过程）
   ☑ 句式：一边……，一边……
   ☑ 词语：居然　急忙　恢复　快乐

第6课 有快乐，人生就有幸福

配套资源

词语 Vocabulary

1. 理想　　lǐxiǎng　　（名/形）　dream; ideal
① 我小时候的理想是长大以后当一个翻译。
② 你的理想生活是什么样儿的?

2. 成为　　chéngwéi　　（动）　to become, to turn into
他成为公司老板以后，变得非常忙。

3. 画家　　huàjiā　　（名）　a painter, an artist (in painting)
他是一个画家，也是一个心理学家。

4. 带　　dài　　（动）　to carry, to take, to bring
我刚来这里，不知道银行在哪里，你带我去，好不好?

5. 拜访　　bàifǎng　　（动）　to make (or pay) a visit to somebody

6. 快乐　　kuàilè　　（形）　happy, joyful

7. 只要　　zhǐyào　　（连）　as / so long as, provided that, if only
① 只要多练习，你就能说得很标准。
② 只要你温柔一点儿，孩子们就会喜欢你。

8. 够　　gòu　　（动）　enough
① 四个菜够了，再点我们就吃不完了。
② 我还没看够，再看一会儿吧。

9. 世界　　shìjiè　　（名）　world
世界上有很多语言。还有一个世界语，你知道吗?

10. 种　　zhǒng　　（量）　a kind, a sort, a type

11. 结果　　jiē guǒ　　（离）　to bear fruit
秋天到了，树上结满了果(子)。

12. 美丽　　měilì　　（形）　beautiful, pretty
那个美丽的姑娘，又热情又温柔。

13. 比如　　bǐrú　　（动）　for example, for instance, such as
他有很多爱好，比如看电影、打球。

61

14. 玫瑰	méigui	（名）	a rose	
15. 郁金香	yùjīnxiāng	（名）	a tulip	
16. 像……一样	xiàng…yíyàng	（语）	as….as	

她长得很漂亮，像花儿一样。

17. 一辈子	yíbèizi	（名）	all one's life	

我妈妈一辈子都住在这儿，从来没想过要去别的地方。

18. 普通	pǔtōng	（形）	ordinary, common, plain	

① 这件衣服太普通了，不时髦。
② 虽然她是个大明星，可她还是过着普通人的生活。

19. 人生	rénshēng	（名）	life, human life	

你的人生是你自己的，别人都帮不了你，你得自己想清楚（qīngchǔ / clear）。

20. 临	lín	（介）	just before	

① 临睡觉前，不要喝咖啡，喝一杯牛奶比较好。
② 临毕业的时候，他认识了一个女孩儿，两个人谈了6个月恋爱，毕业后很快就结婚了。

21. 过程	guòchéng	（名）	process	

在一起工作的过程中，他慢慢地喜欢上了一个同事。

22. 享受	xiǎngshòu	（动）	to enjoy	

要学会享受生活，不要只想着工作。

词语练习　Vocabulary exercises

选词填空 Select the appropriate word to fill in the blank

> 享受　　拜访　　结果　　世界上　　普通　　美丽

1. 我很希望能去（　　　）一下那个画家，听说他是（　　　）最有名的画家。
2. 很多树都（　　　）了，秋天一定会有很多苹果。
3. 你希望做一个（　　　）人，还是做一个名人？
4. 工作不是一切，要学会（　　　）生活。
5. 有一颗（　　　）的心比有一张漂亮的脸更重要。你同意吗？

第6课 有快乐，人生就有幸福

一辈子　幸福　过程　够　临

6. （　　　）了，别说了。我听腻（nì / to be bored with）了。
7. （　　　）睡觉前，喝一杯牛奶。这样，你就能很快睡着了。
8. 很多人说，（　　　）比结果更重要，你觉得呢？
9. 他用了（　　　）的时间才发现，有钱并不一定就有（　　　）。

阅读 Reading

有快乐，人生就有幸福

小时候，我的理想是成为一个画家。我一有空儿就画画儿。有一天，父亲带我去拜访一个老画家。老画家看了我的画儿以后，问："孩子，你为什么要学画画儿呢？"

"我想成为一个画家。"我说。

"可是，不是每一个学画画儿的人最后都能成为画家。"老画家对我说。"孩子，你画画儿的时候觉得快乐吗？"

"快乐。"我回答。

"只要有快乐就够了。"老画家高兴地说。

老画家还告诉我，世界上有两种花儿。一种花儿能结果，一种花儿不能结果。但是不能结果的花儿更美丽，比如玫瑰、郁金香。人也像花儿一样，有的一辈子只是一个普通人。但普通人只要心里有快乐，就可以像玫瑰和郁金香那样，有一个快乐美丽的人生。临走时，老画家鼓励我说："孩子，去做一个快乐的人吧。因为有快乐，人生就有幸福。"

现在，我仍然画画儿，但不是为了成为一个画家，而是在画画儿的过程中享受人生的快乐。

阅读理解练习 Reading comprehension

一、选择正确答案 Choose the correct answer

1. 我小时候学习画画儿，因为_____。
   A. 我想长大后成为画家　　　　　　B. 爸爸让我画
   C. 有老画家帮我

2. 现在我_____。
   A. 是一个画家　　　　　　　　　　B. 还喜欢画画儿
   C. 仍然想成为一个画家

3. 老画家_____。
   A. 一有空儿就画画儿　　　　　　　B. 小时候很享受人生的快乐
   C. 认为画画儿只要觉得快乐就够了

4. 老画家觉得_____。
   A. 他画画儿的时候很快乐　　　　　B. 做快乐的人比当画家更重要
   C. 玫瑰和郁金香因为不能结果，所以更漂亮

二、判断正误 True or false

☐ 1. 只有普通人，心里才有快乐。
☐ 2. 有的画家在画画儿的过程中能享受人生的快乐。
☐ 3. 父亲和老画家是朋友。

三、根据课文内容完成短文

Complete the short paragraph based on the reading passage

　　今天，有一个父亲_____，那个孩子画画儿画得很不错。我最高兴的是，_____。现在，有很多孩子不喜欢画画儿，只是因为父母想让他们当画家，他们才画的。我鼓励这个孩子继续画画儿，而且，一定要在画画儿的过程中，_____。因为有了快乐，_____。

第6课　有快乐，人生就有幸福

写作 Writing

任务一　Task 1　写简单的广告 Writing simple advertisements

一个画家想开一个培训班，请你使用指定的词语和句式，帮助画家写一个招生广告。

An artist wants to open a training class. Please try to use the given words and patterns, and write a recruitment advertisement for him.

☑ 句式：如果……，那么就……

词语：画家　享受　快乐　过程

广告样本 (Advertisement sample)

华夏少年声乐班招生广告

孩子都爱唱歌儿！
每个孩子都是天生的歌唱家！
父母的希望，从华夏少年声乐班开始！

一、招生对象：一年级到六年级的小学生，音乐爱好者
二、学习内容：中国音乐
三、授课老师：著名歌唱家夏乐
四、上课时间：
　　1. 周末班：每周六、周日上午 9：00 — 10：00
　　2. 假期班：寒假（1月6日 — 1月14日）、暑假（7月10日 — 8月30日）
　　　　　　　每天 9:00 — 16:30
五、上课地点：少年活动中心二层
六、联系方式：15569802708　xiale@sina.com.cn

....

....

....

....

任务二 Task 2 用比喻的方法讲道理 Reasoning by analogy

请仿照下面两段话，和你的同学一起用比喻的方法讲一个道理。
Following the example of the two paragraphs below, and with your classmates, write an argumentative paragraph by using analogy.

样本 (sample 1)

世界上有两种花儿。一种花儿能结果，一种花儿不能结果。但是不能结果的花儿更美丽，比如玫瑰、郁金香。人也像花儿一样，有的一辈子只是一个普通人。但普通人只要心里有快乐，就可以像玫瑰和郁金香那样，有一个快乐美丽的人生。

样本 (sample 2)

世界上有两种动物，一种动物很漂亮，一种动物不太漂亮，可是，后一种动物更成功（chénggōng / to succeed），比如蜜蜂。人也像动物一样，有的人很漂亮，可是不努力；有的人不太漂亮，可是，总是很努力，他的人生有很大的成功。只要努力，人生就可以像蜜蜂一样，有很多收获（shōuhuò / achievement）。

第 6 课　有快乐，人生就有幸福

任务三　Task 3　简单的论证 Simple demonstration

话题 (Topic)：什么样的人生是成功的人生？

STEP 1　聊一聊 Have a conversation

下面这些观点，你同意吗？用指定的句式和词语与你的同学们讨论一下吧。
Discuss the following opinions with your classmates. Try to use the given words and patterns.

☑ **句式**：只要……就……　　只有……才……　　虽然……，但是……
　　　　如果……，那么……　　不是……而是……

　词语：普通人　名人　作家　音乐家　语言学家
　　　　生活　人生　成为　快乐　幸福　不一定　享受

观点一：要看一个人成功还是失败（shībài / fail），**不是**看他上没上过大学，也不是看他有多少钱或者社会（shèhuì / society）地位高不高，**而是**要看他对社会有没有贡献（gòngxiàn / contribution）。

观点二：我们做事情，不管大事小事，**只要**是想做的事，通过努力做成了，高兴了，那就成功了。

观点三：成功是一种习惯，失败也是一种习惯。成功很简单，**只要**简单的事情一遍一遍地做，养成习惯，**就**可以。不要认为成功很远，也不要把成功看得太容易（róngyì / easy），成功需要你的努力。

观点四：成功的人**虽然**重视事情的结果，**但**更重视事情的目的（mùdì / purpose），**如果**他清楚地知道自己的目的，**那么**他**就**更容易获得（huòde / to get）好的结果并且享受过程。

STEP 2　写一写 Write

根据你们的讨论，把你的观点写下来吧。

Wirte an article on the basis of your discussions.

提示　1. 你的文章要包括这样几个问题：

　　　Your article is supposed to include the following issues:

　　　（1）一般人认为的成功是什么？

　　　（2）你觉得这种看法对不对？为什么？

　　　（3）你觉得什么是成功的人生？

2. 写的时候，请注意句子与句子之间的逻辑关系，尽量使用前面提到的词语和句式，越多越好。

   Please try to make your writing logically cohesive and use as many given patterns and words as possible.

3. 你可以模仿参考的段落格式。

   You may follow the sample of the article schema.

有人说："只要事业成功，人生就成功。"我不同意这个看法。

有的人事业很成功，可是他不快乐。

_____

_____

但是，也有一些事业不成功的人，生活得很幸福。

_____

_____

事业成功不一定人生就成功。我认为，_____

_____

_____

第 7 课 你愿意照顾他吗？

配套资源

词语一 Vocabulary 1

| 1. | 节 | jié | （量） | a section, a length |

你上午有几节课？第一节课几点开始？

| 2. | 心理学 | xīnlǐxué | （名） | psychology |

| 3. | 不停 | bù tíng | （语） | continuously, without a single halt |

他一个人不停地说，我们都没机会说。

| 4. | 达 | dá | （动） | to reach (a place or a figure such as a price or quantity) |

① 万里长城长达一万多公里。
② 那个学校的留学生多达 2000 人。

| 5. | 分 | fēn | （动） | to distinguish |

"巳"和"己"这两个字，你能分清楚吗？

| 6. | 清楚 | qīngchu | （形） | clear, lucid |

① 你讲得不清楚，可以再讲一遍吗？
② 他会不会答应，我也不清楚，我们只能试试了。

| 7. | 反应 | fǎnyìng | （动/名） | to react; a response |

① 他的动作太快了，我都没反应过来。
② 你告诉他那个秘密以后，他有什么反应？

| 8. | 照顾 | zhàogù | （动） | to look after, to care for, to take care of |

| 9. | 洗澡 | xǐ zǎo | （离） | to take (or have) a bath |

妈妈第一次给孩子洗澡的时候，孩子显得很紧张。

| 10. | 需要 | xūyào | （动/名） | to need, to want; need, demand |

① 我们需要你的帮助。
② 这是你的需要，不是我的需要！

| 11. | 一般 | yìbān | （副） | generally, in general |

① 年轻姑娘一般都很喜欢赶时髦，对吗？
② 一般来说，老板和雇员的关系不要太亲密。

| 12. | 友好 | yǒuhǎo | （形） | friendly |

他是一个热情的人，对别人很友好。

13.	哭	kū	（动）	to cry
14.	直到	zhídào	（动）	until, up to

① 我要一直练习，直到我能说得很标准。
② 他不停地解释，直到我们都听懂了。
③ 今天作业太多了，直到十二点我才做完。

15.	完全	wánquán	（副）	completely, absolutely, totally

我完全不明白你在讲什么。

16.	理解	lǐjiě	（动/名）	to understand, to comprehend; understanding, comprehension

① 妻子（qīzi / wife）不理解他，他觉得日子过得很难。
② 没错儿，你的理解是对的。

17.	原因	yuányīn	（名）	cause, reason

和他约会，你很紧张。原因是什么？

18.	麻烦	máfan	（动/形）	to trouble; troublesome, inconvenient

① 麻烦你帮帮忙，好吗？
② 抱歉，太麻烦你了。
③ 这事儿太麻烦了，你让别人去吧。

19.	糊涂	hútu	（形）	confused, muddled, bewildered
20.	照片	zhàopiàn	（名）	photo

这张照片是在哪儿拍（pāi / to take a picture）的？

21.	原来	yuánlái	（副）	to turn out to be, to turn out that

原来你是外国人啊，怪不得你的发音听起来有点儿奇怪。

词语练习　　Vocabulary exercises

用词语一里的生词填空

Select the words from vocabulary part one to fill in the blanks

我是一个护士，我的工作是（　　　）病人（bìngrén / a patient）。病人和他们的家人大都很（　　　）。可是，有时候，他们也很（　　　），不能（　　　）我的工作。比如，我很忙，每天（　　　）照顾的病人多（　　　）十几个，不能一直只照顾一个人。有的病人就（　　　）地叫我，（　　　）我来到他的面前。有的病人有点儿（　　　），我说的话他好像（　　　）听不懂，我得解释很长时间。工作一天，我总是觉得很累，有时候（　　　）都变慢了。下班回到家，只想（　　　）以后就睡觉。可是，我依然很喜欢我的工作。我也说不（　　　）是为什么。

第7课　你愿意照顾他吗？

阅读一 Reading 1

你愿意照顾他吗？

在一节心理学课上，王老师给他的学生们讲了这样一个人：

他不能说话，也听不明白别人的话。有时候他会不停地叫，长达几个小时。他分不清楚谁是谁。不过，如果你叫他的名字，他会有一点儿反应。他不能照顾自己，吃饭、洗澡、穿衣服都需要别人帮助。他也不能走路。他一般很友好，也很快乐，但是常常会突然大哭起来，直到有人走过来。我认识他6个月了，可是，还不能完全理解他，常常找不到他哭的原因。

讲完了，王老师问他的学生："你们愿意不愿意照顾这个人？"学生们都说不愿意，太麻烦了。

王老师说："可是，我很高兴照顾他，而且你们也会喜欢的。"

学生们都糊涂了，于是王老师拿出一张这个人的照片给学生们看。照片上的人原来是老师刚出生的儿子。

阅读理解练习　Reading comprehension

一、请把这个人的情况填在表格里

Fill in the form with the information from the passage to show the symptoms of the person.

正面的情况 Positive symptoms	

负面的情况 Negative symptoms	
这种情况多久了 How long has he been like this?	
老师的困惑 The teacher's confusion	

二、判断正误 True or false

☐ 1. 心理学老师有一个儿子，生病了。
☐ 2. 这个人听不见。
☐ 3. 这个人常常哭。
☐ 4. 这个人会大叫，因为他不太友好。

三、回答问题 Answer the question

心理学老师为什么要给学生讲这样一个人？

☑ 句式：如果……，就……

　　词语：喜欢　爱　愿意　照顾　麻烦

词语二 Vocabulary 2

1. 当　　dāng　　（介）　　when
2. 耐心　　nàixīn　　（形/名）　　patient; patience
　　① 你耐心一点儿，别那么着急。
　　② 父母应该对孩子有耐心。
3. 洒　　sǎ　　（动）　　to spill

第 7 课　你愿意照顾他吗？

小心，别洒出来。

4. 系　　　jì　　　（动）　　to tie, to fasten, to bind

5. 鞋带　　xiédài　（名）　　a shoestring, a bootlace

6. 腻　　　nì　　　（形）　　to be bored with
　① 天天吃扣肉，我已经吃腻了。
　② 你听腻了，我也要说。你必须（bìxū / must）听。

7. 打断　　dǎduàn　（动）　　to interrupt, to interject
　别打断我，让我说完。

8. 重复　　chóngfù　（动）　　to repeat, to duplicate
　我没听清楚，请再重复一遍。

9. 责备　　zébèi　　（动）　　to blame, to condemn

10. 嫌　　　xián　　（动）　　to dislike
　① 他嫌这件衣服不时髦，扔了。
　② 我嫌他做得太慢，我自己做了。

11. 记得　　jìde　　（动）　　to remember
　你还记得小时候的事儿吗？

12. 千方百计　qiānfāng-bǎijì　（语）　in a thousand and one ways, by every possible means
　他千方百计地找到了她。

13. 哄　　　hǒng　　（动）　　to coax
　哄孩子睡觉，太麻烦了。

14. 科技　　kējì　　（名）　　science and technology

15. 不知所措　bùzhīsuǒcuò　（语）　to be at a loss, to be at one's wit's end
　① 她突然哭了，我们都不知所措。
　② 他不知所措地看着老板。

16. 嘲笑　　cháoxiào　（动）　　to mock at, to laugh at

17. 当初　　dāngchū　（名）　　originally, at first
　当初，我们的关系很好，我也说不清楚为什么变成了现在这样。

18. 难过　　nánguò　（形）　　to feel miserable

19. 支持　　zhīchí　　（动/名）　to support, to advocate; support
　① 我支持你，加油！
　② 非常感谢你的支持。

20. 陪　　　péi　　　（动）　　to accompany
　我要去商店买件衣服，你陪我一起去吧！

词语练习 / Vocabulary exercises

用词语二里的生词填空

Select the words from vocabulary part two to fill in the blanks

要做一个好老师，你需要有爱心和（　　　）。学生在回答问题的时候，不要（　　　）他们；学生做错了，千万（qiānwàn / to be sure to）不要（　　　）他们，也不要（　　　）他们；学生遇到了问题（　　　）的时候，要给他们鼓励，想办法（　　　）他们自己找到答案；学生（　　　）的时候，要（　　　）地想办法让他们高兴起来。

阅读二 Reading 2

当父母老了

当父母老了，不再是原来的父母，孩子，请理解他们，对他们有一点儿耐心。

当他们把菜洒到自己的衣服上时，当他们忘记怎么系鞋带时，请想一想在你小的时候他们是怎么手把手地教你。

当他们一遍又一遍地重复你早已听腻的话，请耐心地听他们说，

不要打断他们。你小的时候，他们不得不千百遍地重复那个故事，直到你睡着。

当他们需要你帮忙洗澡时，请不要责备他们，不要嫌他们脏。还记得小时候他们千方百计地哄你洗澡吗？

当他们对新科技和新事物不知所措时，请不要嘲笑他们，想一想当初他们怎样耐心地回答你的每一个"为什么"。

当你看着父母老去的时候，请不要难过，请理解他们，支持他们。当初父母带你走上人生路，今天请你陪他们走完最后的路。

第7课　你愿意照顾他吗？

阅读理解练习　Reading comprehension

一、猜一猜句子里画线词语的意思
Guess the meaning of those underlined words

1. 当他们一遍又一遍地重复你<u>早已</u>听腻的话，请耐心地听他们说，不要打断他们。
2. 你小的时候，他们不得不千百遍地重复那个故事，直到你<u>睡着</u>。
3. 当他们对新科技和<u>新事物</u>不知所措时，请不要嘲笑他们。
4. 当你看着他们<u>老去</u>的时候，请不要难过。

二、选择正确答案　Choose the correct answer

1. 父母希望孩子_____。
   A. 帮他们系鞋带　　　　B. 对他们耐心一点儿
   C. 教他们新科技

2. 父母不希望孩子_____。
   A. 帮他们洗澡　　　　　B. 责备他们
   C. 支持他们

3. 孩子小时候_____。
   A. 父母对他们很耐心　　B. 父母从来不责备他们
   C. 父母常常打断他们的话

三、看课文完成句子　Complete the sentences based on passage

1. 小时候，我不会系鞋带，妈妈_____。
2. 小时候，在我睡觉以前，妈妈_____。
3. 小时候，我不喜欢洗澡，妈妈_____。
4. 小时候我喜欢问为什么，妈妈_____。
5. 妈妈带_____，现在，我们要_____。

四、请读一读这首诗，听一听音乐 Read the poem and listen to the music

When You Are Old
当你老了

By W.B Yeats

叶 芝 作　袁可嘉 译

When you are old and grey and full of sleep,
当你老了，头发白了，睡意昏沉（hūnchén），
And nodding by the fire, take down this book,
炉（lú）火旁打盹（dǔn），请取下这部诗歌，
And slowly read, and dream of the soft look
慢慢读，回想你过去眼神（yǎnshén）的柔和（róuhé），
Your eyes had once, and of their shadows deep;
回想它们昔日（xīrì）浓重（nóngzhòng）的阴影（yīnyǐng）；
How many loved your moments of glad grace,
多少人爱你青春欢畅（huānchàng）的时辰（shíchén），
And loved your beauty with love false or true,
爱慕（àimù）你的美丽，假意（jiǎyì）或真心，
But one man loved the pilgrim soul in you,
只有一个人爱你那朝圣者（cháoshèngzhě）的灵魂（línghún），
And loved the sorrows of your changing face;
爱你衰老（shuāilǎo）了的脸上痛苦的皱纹（zhòuwén）；
And bending down beside the glowing bars,
垂（chuí）下头来，在红光闪耀（shǎnyào）的炉子旁，
Murmur, a little sadly, how Love fled
凄然（qīrán）地轻轻诉说那爱情的消逝（xiāoshì），
And paced upon the mountains overhead
在头顶的山上缓缓（huǎnhuǎn）踱（duó）着步子，
And hid his face amid a crowd of stars.
在一群星星中间隐藏（yǐncáng）着脸庞（liǎnpáng）。

第 7 课　你愿意照顾他吗？

写作 Writing

任务一 Task 1　比较（1）Comparison (1)

天气和你的心情有没有关系？请使用这些句式和词语，写一写在不同的天气里你有什么样的心情或活动。

Can weather affect your mood? Please use the following patterns and words to write about your mood changes in different weather conditions.

☑ 句式：当……时，我……

词语：冷　热　暖和　凉快　刮风　下雨　下雪　晴朗

坐在炉火旁　聊天儿　看电影　约会　拜访　享受　照顾

担心　紧张　寂寞　轻松　幸福

....

....

....

....

任务二 Task 2　以排比式段落组织语篇
Organize an essay with parallel paragraphs

STEP 1　读一读 Read

请再读一遍"阅读二"，看作者是如何组织文章的。

Read the Reading 2 once more and find out how the author organizes the text.

　　这篇文章的每一个段落之间是并列的，彼此之间并没有逻辑上或时间上的联系。但它们在内容上却是围绕着同一个主题展开的。

　　The paragraphs of this text are parallel and there are no logic or temperal relations among them, but they are all related to the same topic semantically.

77

再看一篇有同样结构模式的文章。

Now read another text which is organized in the same structure.

 样本 (sample)

我有一个梦想 (dream)（节选）

朋友们！今天我对你们说，就在这个地方，就在这个时候，我们虽然遇到了各种困难（kùnnɑn / difficulty），但是，我仍然有一个梦想，这个梦想和美国的梦想连在一起。

我梦想有一天，这个国家会站起来，真正实现（shíxiàn / to realize）她的理想："人人生而平等（equal）。"

我梦想有一天，在佐治亚（Georgia）的红山上，过去奴隶（núlì / slave）的儿子能和过去奴隶主（slave owner）的儿子坐在一起聊天儿。

我梦想有一天，我的四个孩子将在一个根据他们的品德（pǐndé / moral character）来评价（píngjià / to evaluate）他们的国家里生活。

今天，我有一个梦想。我梦想有一天，亚拉巴马州（Alabama state）能有一点儿改变，虽然这个州的州长现在仍然不同意联邦法（liánbāngfǎ / Federal Statutes），但是总会有一天，那里的黑人男孩儿和女孩儿将能跟白人男孩儿和女孩儿做朋友，一起进步。

这就是我们的希望。我带着这种信念（xìnniàn / belief）回到南方。有了这个信念，我们将能从绝望（juéwàng / hopelessness）中找到希望。

STEP 2　聊一聊 Have a conversation

话题 (Topic)：如果我是小学老师

请用下面的词语和句式，和你的同学一起讨论一下这些问题。

Discuss the following questions with your classmates. Try to use the given patterns and words.

☑ 句式：①当……时，……　　②当……的时候，……　　③陪 sb. + verb

　　　　④手把手地教 sb.（+ verb）

☑ 词语：清楚　照顾　理解　支持　责备　嘲笑　糊涂　打断　听腻　难过　友好

　　　　耐心　不知所措　千方百计

第 7 课　你愿意照顾他吗？

☑ 问题：① 做小学老师会遇到什么样的学生或什么样的问题？
　　　　② 遇到"不听话"的孩子怎么办？
　　　　③ 理想的老师应该是什么样的？

STEP 3　写一写 Write

根据你们的讨论，采用倾诉的方式，仿照课文写一篇演讲稿，谈谈你对教育的看法。

Use Reading 2 as an example, write a speech draft based on your discussions to talk about your opinions of education. Be sure to share your emotions and thoughts in your speech.

注意　（1）你的听众是小学老师。Your audiences are teachers of elementary schools.

（2）你要用有感染力的语言，有感情地说服听众接受你的看法。

You need to use appealing and emotionally charged language to persuade your audiences to accept your ideas.

当……时，请不要＿＿＿＿＿＿＿＿＿＿＿＿＿＿＿＿＿＿＿＿＿＿＿＿＿＿＿＿＿＿
＿＿＿＿＿＿＿＿＿＿＿＿＿＿＿＿＿＿＿＿＿＿＿＿＿＿＿＿＿＿＿＿＿＿＿＿＿。

当……时，请想想＿＿＿＿＿＿＿＿＿＿＿＿＿＿＿＿＿＿＿＿＿＿＿＿＿＿＿＿＿＿
＿＿＿＿＿＿＿＿＿＿＿＿＿＿＿＿＿＿＿＿＿＿＿＿＿＿＿＿＿＿＿＿＿＿＿＿＿。

当……时，＿＿＿＿＿＿＿＿＿。你小时候，＿＿＿＿＿＿＿＿＿＿＿＿＿＿＿＿＿＿
＿＿＿＿＿＿＿＿＿＿＿＿＿＿＿＿＿＿＿＿＿＿＿＿＿＿＿＿＿＿＿＿＿＿＿＿＿。

当……时，＿＿＿＿＿＿＿＿＿＿＿＿。还记得＿＿＿＿＿＿＿＿＿＿＿＿＿＿＿＿吗？
＿＿＿＿＿＿＿＿＿＿＿＿＿＿＿＿＿＿＿＿＿＿＿＿＿＿＿＿＿＿＿＿＿＿＿＿＿。

当……的时候，＿＿＿＿＿＿＿＿＿＿＿，＿＿＿＿＿＿＿＿＿＿＿＿。想想当初
＿＿＿＿＿＿＿＿＿＿＿＿＿＿＿＿＿＿＿＿＿＿＿＿＿＿＿＿＿＿＿＿＿＿＿＿＿。

第8课 中国朋友的唠叨

配套资源

词语一 Vocabulary 1

1.	环境	huánjìng	（名）	environment, conditions, circumstances
2.	和谐	héxié	（形）	harmonious, agreeable

在公司里，他和同事的关系都很和谐。

3.	愉快	yúkuài	（形）	happy, joyful

周末愉快！

4.	甚至	shènzhì	（连）	even

那家大公司的老板很厉害，他甚至知道每一个雇员的名字。

5.	关心	guānxīn	（动）	to be concerned with, to show consideration for

① 谢谢你的关心，我很好。
② 妈妈关心孩子，孩子也要关心妈妈。

6.	事情	shìqing	（名）	a matter, an affair

这件事情，我们明天再谈，现在我得马上离开这儿。

7.	提醒	tíxǐng	（动）	to remind

下个星期二，我有一个约会，到时候请提醒我一下，好吗？

8.	喜酒	xǐjiǔ	（名）	ceremonial drinking at wedding, wedding feast
9.	喜糖	xǐtáng	（名）	sweet given on a happy occasion
10.	隐私	yǐnsī	（名）	one's secrets, private matters one wants to hide
11.	外企	wàiqǐ	（名）	overseas-invested enterprise
12.	跨国公司	kuàguó gōngsī	（语）	a transnational corporation
13.	管理	guǎnlǐ	（动）	to manage, to administer

那家公司管理得很好，你们应该向他们学习。

14.	人际关系	rénjì guānxì	（语）	interpersonal relationship

那家公司的人际关系很复杂（fùzá / complicated），你要注意。

15.	看法	kànfǎ	（名）	a way of looking at things, one's point of view

在我看来，鼓励孩子比责备孩子更重要，你的看法是什么？

80

第8课　中国朋友的唠叨

16. **差不多**　chàbuduō　（形/副）　close; almost, nearly
   ① 有时候，老人和孩子差不多，所以有一个词叫"老小孩儿"。
   ② 老师解释了几遍，我差不多听明白了。

17. **相处**　xiāngchǔ　（动）　to get along with
   和内向的人相处的时候，我们应该注意什么？

18. **特色**　tèsè　（名）　a characteristic, a distinguishing feature
   那家饭店很有特色，你可以去尝尝（cháng / to try the flavour of）。

19. **唠叨**　láodao　（动）　to chatter
   妈妈，别唠叨了，我都听腻了。

词语练习　Vocabulary exercises

选词填空 Select the appropriate word to fill in the blank

> 唠叨　提醒　隐私　事情　轻松　看法　甚至

我的妈妈很爱（　　　），无论什么（　　　），她总要（　　　）我该做这个了，不该做那个了，（　　　）我该不该请某个同事来参加（cānjiā/ to attend）我的生日聚会，她都要管。我觉得我应该有自己的（　　　），可是，妈妈和我的（　　　）不同。唉，跟妈妈一起生活，虽然可以不用做家务，可是，心情并不太（　　　），我还是自己租一间房子住吧。

阅读一 Reading 1

中国人都喜欢工作的环境是和谐的，也就是说同事间的关系轻松、愉快，甚至亲密。所以，在很多中国公司里，同事们会互相关心很多生活方面的事情。天气冷了，会互相提醒要多穿衣服；生病了，会有同事到家里看你；结婚了，会请同事喝喜酒或者吃喜糖。在过去，同事们还会关心别人的隐私，比如，每个月有多少钱啦，结没结婚啦，孩子在哪儿上学啦，等等。

现在中国外企和跨国公司越来越多，新的管理带来了新的人际关系。在隐私方面，年轻人的看法已经和国外差不多一样了，但是，在实际相处时还是有很多中国特色，比如爱"唠叨"。

（选自《学汉语》2008年6月总第222期）

阅读理解练习 Reading comprehension

一、猜一猜句子里画线词语的意思
Guess the meaning of those underlined words

1. 中国人都喜欢工作的环境是和谐的，也就是说<u>同事间</u>的关系轻松、愉快，甚至亲密。
2. 生病了，会有同事到家里<u>看</u>你。
3. 在过去，同事们还会关心别人的隐私，比如，每个月有多少钱啦，结没结婚啦，孩子在哪儿上学啦，<u>等等</u>。

二、选择正确答案 Choose the correct answer

1. 中国人在公司里_____。
   A. 同事之间的关系都很亲密
   B. 一点儿隐私都没有
   C. 互相关心很多个人的生活问题

2. 跨国公司里的中国人_____。
   A. 都很爱说话
   B. 喜欢问同事有没有结婚
   C. 一般不会问同事每个月挣多少钱

3. 中国人_____。
   A. 结婚的时候，会请同事喝酒、吃糖
   B. 如果生病了，要请同事来家里看自己
   C. 工作的环境都很和谐

第 8 课　中国朋友的唠叨

三、回答问题 Answer the questions

1. 为什么在很多中国公司里，同事间互相关心生活方面的事情？（甚至）
2. 在跨国公司里，中国人的观念已经发生了什么变化？和国外还有什么不同？（在……方面）

四、给这篇文章加个标题 What title would be good for the passage?

词语二 Vocabulary 2

1.	直率	zhíshuài	（形）	frank, candid
2.	委婉	wěiwǎn	（形）	tactful, euphemistic

他说话总是很委婉，有时候我听不明白他想说什么。

3.	相反	xiāngfǎn	（动）	opposite, on the contrary

你喜欢赶时髦，他和你相反，他总是穿得很土。

4.	主动	zhǔdòng	（形）	active, free-will

上课的时候，请主动回答问题。

5.	剪	jiǎn	（动）	to cut, to trim (with scissors, etc.)

鞋带解不开了，你用剪刀把它剪断吧。

6.	伤害	shānghài	（动）	to injure, to harm, to hurt
7.	自尊心	zìzūnxīn	（名）	(sense of) self-respect

那个孩子的自尊心很强，不要责备他，更不要嘲笑他。

8.	讨厌	tǎoyàn	（动）	to loathe, to dislike
9.	随便	suíbiàn	（形）	to do at one's will

你随便说，别担心说错。

10.	提	tí	（动）	to mention, to propose

① 这件事，我们都不要再提了。
② 这个班喜欢提问题的学生不太多。

11.	意见	yìjiàn	（名）	an opinion, a suggestion, a comment

① 欢迎（huānyíng / to welcome）你们给我提意见。
② 我对你有意见，你不应该嘲笑我。

12.	按照	ànzhào	（介）	in accordance with, in (the) light of, in terms of

按照心理学家的研究，每个人都需要鼓励。

13. 命令	mìnglìng	（动/名）	to order; a command

① 突然下雨了，妈妈命令孩子们马上回家。
② 这是命令，你不得不听。

14. 劝	quàn	（动）	to persuade, to advise

① 他劝我别责备孩子。
② 我劝你还是早点儿回家吧，别太晚了。

15. 问候	wènhòu	（动）	to send one's regards to

① 请替我问候你的父母。
② 你怎么向朋友表示问候？

16. 真实	zhēnshí	（形）	true, real

这是我最真实的看法，希望你能理解。

17. 正确	zhèngquè	（形）	correct, right

回答正确！很好。

18. 表达	biǎodá	（动）	to express, to give one's voice to

我的想法很多，可是，我不知道怎么用汉语表达，急死人了。

19. 绝对	juéduì	（副/形）	absolutely; absolute

① 你这样做，绝对正确！
② 你说他只是一个让人讨厌的人，恐怕太绝对了，我觉得有时候他挺可爱的。

20. 自由	zìyóu	（名/形）	freedom; free, unrestrained

① 他的一生都在追求自由和平等。
② 每一个人都是自由的。可以自由说话，自由做决定。你同意吗？

21. 温暖	wēnnuǎn	（形）	nice and warm

① 春天很温暖。
② 听了他的鼓励，我的心里觉得很温暖。

22. 约束	yuēshù	（动）	to restrain, to restrict; restraint

① 不要约束自己，想做什么就做吧。
② 你对孩子的约束太多了。

词语练习　　Vocabulary exercises

选词填空 Select the appropriate word to fill in the blank

> 提　主动　直率　表达　伤害　委婉　问候　自尊心　讨厌　约束　管

1. 他是个很（　　　　）的人，心里想什么就说什么。

2. 批评（ pīpíng / to criticize ）别人的时候，还是（　　　　）一点儿比较好，给他留点儿面子。

3. 女孩子可以不可以（　　　）请男孩子去喝咖啡？
4. 不要（　　　）他，他是我最好的朋友。
5. 这是我自己的事情，请你不要（　　　）。
6. 如果在路上遇到了你非常（　　　）的人，你会（　　　）他吗？
7. 要学会正确地（　　　）自己的感情。
8. 你（　　　）的这个意见非常好，我们一定改。
9. 人应该有（　　　）。可是，（　　　）太强的话，也不太好。
10. 人虽然是自由的，可是也得有一定的（　　　），不能想干什么就干什么。

阅读二 Reading 2

中国朋友的唠叨

我来中国以前，经常听人说："美国人很直率，中国人很委婉。"可是，有时候我觉得正相反。

在美国，我从来没有主动对朋友说过："你的头发太长了，应该剪了！"或者"你做的菜太咸了，下次注意点儿吧。"我们为什么不敢对好朋友说实话呢？我们怕伤害朋友的自尊心，怕朋友讨厌我们。

但是在中国就不一样了。我记得在中国的第一个冬天，每次在路上遇到朋友，他都会说："哎呀，天气很冷啊，应该多穿点儿衣服啊！"当时，我心里很不舒服，中国人怎么这么随便给别人提意见？穿衣服不是我自己的事儿吗？他们为什么要管我管得这么多呢？因为怕朋友有意见，我按照他们的命令穿了很多，可是，没想到朋友还劝我"要多穿点儿"。中国人怎么这么怕冷啊？后来我才发现这只是一种问候，表示对朋友的关心。

中国人给朋友提意见，是为了表示他们的关心。他们给朋友提意见，是为了朋友好。好朋友应该把心里的真实想法都说出来。中国人这种看法不是很正确的吗？如果你的朋友在人生路上走错了方向，我们难道不应该告诉他吗？所以，我觉得不能因为怕伤害朋友的自尊心或者怕朋友讨厌就不敢说真话。要学习中国人对爱的理解和表达，爱不仅仅是给他绝对的自由，还要给他温暖的约束。

（戴维，选自《学汉语》2008年6月总第222期）

阅读理解练习　Reading comprehension

一、猜一猜句子里画线词语的意思
Guess the meaning of those underlined words

1. 穿衣服不是我自己的事吗？他们为什么要<u>管</u>我管得这么多呢？
2. 每次在路上<u>遇到</u>朋友，他都会说："哎呀，天气很冷啊，应该多穿点儿衣服啊！"
3. 爱<u>不仅仅</u>是给他绝对的自由，还要给他温暖的约束。

二、判断正误　True or false

☐ 1. 中国人会主动向好朋友提意见。
☐ 2. 美国人很直率，常常向朋友提意见。
☐ 3. 中国人向朋友提意见时，一般很委婉。
☐ 4. "我"在中国的第一个冬天，中国朋友让"我"多穿衣服，因为"我"穿得真的太少了。
☐ 5. 现在，如果有中国朋友对"我"说"你做的菜太咸了"，"我"会觉得他很讨厌。

第 8 课　中国朋友的唠叨

三、根据课文内容连线 Match the two columns according to the passage

中国朋友　　　　　a 主动给朋友提意见或建议

　　　　　　　　　b 怕伤害朋友的自尊心

　　　　　　　　　c 关心朋友的衣食住行

　　　　　　　　　d 不敢对朋友说实话

美国朋友　　　　　e 给朋友温暖的约束

　　　　　　　　　f 给朋友自由

　　　　　　　　　g 常常说出心里的真实想法

　　　　　　　　　h 不爱唠叨

四、回答问题 Answer the questions

1. 中国人为什么常常向朋友提意见？（……，是为了……）
2. 美国人为什么一般不给自己的朋友提意见或说实话？（因为……，就……）
3. "我"对中国朋友的唠叨有什么看法？（不仅仅……，还……）

写作 Writing

任务一 Task 1　用举例的方法说明观点
Illustrating a point by giving examples

话题 (Topic)：为什么要有好朋友？

STEP 1　读一读 Read

请再仔细阅读一遍下面这段话，看看作者是如何通过举例的方法说明自己的观点的。
Read the following paragraph carefully and see how the author presents his opinion by citing examples.

（观点）中国人都喜欢工作的环境是和谐的，也就是说同事间的关系轻松、愉快，甚至亲密。所以，在很多中国公司里，同事们会互相关心很多生活方面的事情。

（例1）天气冷了，会互相提醒要多穿衣服；

（例2）生病了，会有同事到家里看你；

（例3）结婚了，会邀请同事喝喜酒或者吃喜糖。

STEP 2 写一写 Write

（1）请仿照课文完成下面这段写作。

Please complete the sentences by following the example of the text.

一个人在国外生活，有很多困难。周末到了，……………………

………………………………………………………………………………

生病了，……………………………………………………………

………………………………………………………………………………

迷路了，……………………………………………………………

………………………………………………………………………………

（2）请自己独立完成一个段落，用举例的方法说明你的观点。

Please write a short paragraph to present your opinion about something. You're required to cite some examples to illustrate your point.

任务二 Task 2　比较（2）Comparison (2)

话题 (Topic)：隐私 (Privacy)

STEP 1　聊一聊 Have a conversation

和你的同学聊一聊，在你们国家，和朋友、同事相处时，可以谈什么样的话题？什么话题一般不谈？什么样的事情一般不做？你们两个国家有没有不同？

Have a conversation with your classmates. What kind of topics can you talk about between friends and colleagues in your country? What kind of topics or issues are taboos? What's the difference between your country and his/hers?

可以谈的话题	不可以谈的话题

STEP 2　写一写 Write

用下面的段落格式比较一下你们两个国家的隐私。

Compare the topics of taboos or controversy in your country and his/her country. Use the following sentence starters.

在我们国家，_____
……………………………………………………………
……………………………………………………………
……………………………………………………………
……………………………………………………………

但是，在　　国就不一样了。

....

....

....

....

任务三 Task 3　比较复杂的说理 Complicated reasoning

话题 (Topic)：通过自身经历说明观点
(To illustrate an idea with your own experience)

STEP 1　聊一聊 Have a conversation

请尽量使用下面的词语和句式，和同学们讨论一下你到中国或其他地方所经历的一个思想转变。

Discuss with your classmates about the changes of your thoughts after you come to China or some other places. Please try to use the given patterns and words.

1. 来中国后，你遇到了哪些你不喜欢的事情？
   - ☑ 句式：① 刚 vp 的时候　② 中国人怎么……？
   - ☑ 词语：记得　没想到

2. 你当时是怎么想的？
   - ☑ 句式：① 不是……吗？　② 难道……吗？
   - ☑ 词语：当时　心里　不舒服　惊讶　讨厌

3. 现在你明白中国人为什么那么做了吗？
   - ☑ 句式：后来才发现……
   - ☑ 词语：原来

第 8 课　中国朋友的唠叨

4. 你觉得中国人的做法怎么样？
   - ☑ 句式：因为……，所以……
   - ☑ 词语：理解
5. 你现在能接受了吗？
   - ☑ 句式：不仅仅是……还要……
   - ☑ 词语：尊重　关心

STEP 2　写一写 Write

请在上面讨论的基础上，仿照阅读二描写你自己的一段经历，来说明一个观点。
Based on your discussions, write down your experience to illustrate an idea, using Reading 2 as an example.

第一段：
　　提出观点
　　(to present ideas)

我来中国以前，……，我觉得正相反。
....
....

第二段：
　　举例说明
　　(to illustrate)

在美国/日本……
但是，在中国就不一样了。我记得自己……
....
....

第三段：
　　说明原因
　　(to explain your reasoning)

中国人往往……
....
....

第四段：
　　自己的看法
　　(to present your opinion)

我觉得中国人这种看法……
....
....

91

第9课　劝　菜

配套资源

词语一 Vocabulary 1

1.	筷子	kuàizi	（名）	chopsticks

听说，让孩子用筷子吃饭，可以让孩子变得更聪明。你听说过吗？

| 2. | 指 | zhǐ | （动） | to point at |

① 你不要用食指指人，那样很不礼貌。
② 哪个字你不认识？指给我看看。

| 3. | 好像 | hǎoxiàng | （副） | it seems |

① 他好像不知道这件事儿。
② 我好像在哪里见过你，你是……？

| 4. | 指责 | zhǐzé | （动） | to accuse, to condemn |

不要总是指责孩子，要鼓励她。

| 5. | 教养 | jiàoyǎng | （名） | upbringing |

那个孩子的教养很好，很有礼貌。

| 6. | 侮辱 | wǔrǔ | （动） | to insult |

侮辱别人就是侮辱自己。

| 7. | 盛 | chéng | （动） | to fill, to ladle |

每天都是妈妈把饭盛好端给你们。今天是母亲节，你们来盛饭吧。

| 8. | 插 | chā | （动） | to stick in |

① 请不要插队，到后边等着。
② 我喜欢插花艺术。

| 9. | 上香 | shàng xiāng | （离） | to burn incense |

| 10. | 乞丐 | qǐgài | （名） | beggar |

第9课　劝菜

词语练习　Vocabulary exercises

选词填空 Select the appropriate word to fill in the blank

> 指责　侮辱　递　盛　插

1. 老师在批评孩子的时候，一定要注意自己说出来的话，不能让孩子觉得受到了（　　　）。
2. 你总是（　　　）别人不好，为什么不想想自己有没有问题？
3. 你（　　　）给父母或老师、老板东西的时候，应该用双手。
4. 他们两个人聊天儿聊得很高兴，别人都（　　　）不上话。
5. 你给我（　　　）的米饭太多了，我吃不完。

阅读一 Reading 1

用筷子的忌讳

中国人用筷子吃饭的时候，有一些忌讳，你知道吗？

用餐的时候，不能用筷子指人。如果用筷子指人，好像你在指责别人一样。

拿着筷子在盘子里来来回回地找菜，不知道从哪里开始夹菜，也是不可以的。要是这样做的话，别人会觉得你很没有教养。

用一只筷子去插盘子里的菜，也是不行的。如果这样做，别人会觉得你是在侮辱一起吃饭的人。

吃饭的时候，你如果帮助别人盛米饭，不能把筷子插在米饭上递给对方。因为只有给死人上香的时候才会这样做。

用餐的时候，不可以用筷子敲打盘碗。因为过去只有乞丐才用筷子敲打要饭的碗，让行人注意到他。

阅读理解练习 Reading comprehension

一、猜一猜句子里画线词语的意思
Guess the meaning of those underlined words

1. <u>用餐</u>的时候，不能用筷子指人。
2. 拿着筷子在盘子里<u>来来回回</u>地找菜。
3. 只有乞丐才用筷子<u>敲打</u>要饭的碗，让行人注意到他。

二、完成表格 Fill in the form

用筷子的忌讳	原因

词语二 Vocabulary 2

1. 合作　hézuò　（动）　to cooperate
   我们两个人一起合作，我们一定能成功。

2. 精神　jīngshén　（名）　spirit, mind, the essence of
   你们要有合作精神，这样才能一起把工作做好。

3. 传说　chuánshuō　（名/动）　tale; It is said ... or I'm told (that) ...
   ① 中国有很多美丽的传说。
   ② 传说，在很久很久以前，这里住着一个美丽的姑娘。

4. 笑话　xiàohua　（名）　a joke, a funny story
   听说你是一个很有意思的人，给我们讲一个笑话吧。

第9课　劝　菜

| 5. | 夹 | jiā | （动） | to clip or to press from both sides |

① 夹住，别掉了。
② 你能用筷子夹起一个鸡蛋吗?

| 6. | 尺 | chǐ | （量） | a unit of length equal to one-third meter |
| 7. | 风俗 | fēngsú | （名） | customs, manners |

这里有什么风俗习惯?

| 8. | 到处 | dàochù | （名） | everywhere |

路上到处都是自行车。

| 9. | 代 | dài | （动） | to take the place of |

① A 代 B + verb
② 别担心，我可以代你去和他谈话。

| 10. | 堆 | duī | （动/量） | to pile; a stack |

① 他的桌子上堆着很多书。
② 那儿有一堆东西，是谁的?

| 11. | 碰 | pèng | （动） | to bump, to hit or collide against |

别碰我，我讨厌你。

12.	鲍鱼	bàoyú	（名）	abalone, ear shell
13.	鸡丁	jīdīng	（名）	diced chicken
14.	糊	hú	（动）	to stick or plaster with paste
15.	肉汁儿	ròuzhīr	（名）	gravy
16.	简直	jiǎnzhí	（副）	simply, virtually, almost

① 那个孩子不停地哭，我简直不知道该怎么办。
② 哇，这里简直太漂亮了!

| 17. | 曾经 | céngjīng | （副） | once, used to |

① 我曾经拜访过他，我们聊得很开心。
② 他曾经是我的老板，现在是我最好的朋友。

| 18. | 鸭 | yā | （名） | duck |

你读过《丑小鸭》吗? 那只小鸭子太可爱了。

| 19. | 鱼 | yú | （名） | fish |

我小时候养了三条鱼，它们整天在水里游来游去。

| 20. | 情况 | qíngkuàng | （名） | situation |

这是一个新情况，我们第一次遇到。

| 21. | 一时 | yìshí | （副） | temporarily, for a short while |

① 电话里妈妈告诉我，爸爸突然去世了，我一时说不出话来。
② 他说话太直率了，我一时不知道该怎么回答他。

95

22. **应付**　　yìngfu　　（动）　to handle, to cope with
① 这种人很难应付，我劝你不要跟他在一起。
② 我说话的时候，老板常常打断我，有什么办法应付这种情况？

词语练习 Vocabulary exercises

选词填空 Select the appropriate word to fill in the blank

> 劝　代　碰　夹　堆　糊　到处　精神
> 合作　一时　应付　传说　简直　风俗

1. 我（　　）你赶紧给他解释一下。要不然，他真生气了。
2. 这几天是结婚的好日子，他的桌子上（　　）了很多喜糖。
3. 李老师病了，张老师今天给他（　　）课。
4. 这里有很多玻璃（bōli / glass）做的东西，你小心一点儿，别把它们（　　）坏了。
5. 第一次用筷子（　　）东西的时候，我很紧张。
6. 他的家没有门也没有窗，墙上（　　）着报纸，太穷了。
7. 每一家公司都有自己的文化，也可以说是一种（　　）。
8. 公司的每一个雇员，都要有（　　）精神，因为一个人（　　）不了所有的情况。
9. 这是个美丽的（　　），精美（jīngměi / exquisite）的石头会说话。
10. "入乡随俗"的意思是，去任何一个地方，都要按照那个地方的（　　）习惯说话办事。
11. 春天来了，（　　）都是花儿，漂亮极了。
12. 突然遇到这样的情况，我（　　）不知道该怎么办。
13. 又要照顾孩子，又要工作，我（　　）忙死了。

阅读二 Reading 2

劝 菜

中国有一件事最能表示合作精神，就是吃饭。十个或十二个人一起吃一盘菜，一起喝一碗汤。传说有一个笑话。一个外国人问一个中国人："听说你们中国有二十四个人一起吃一桌饭的事，是真的吗？"那中国人说："是真的。"那外国人说："菜太远了，怎么夹得着呢？"中国人说："我们有一种三尺长的筷子。"那外国人说："用三尺长的筷子，虽然夹得着菜，但是怎么吃呢？"中国人说："我们互相帮忙，你夹给我吃，我夹给你吃啊。"

中国人吃饭有劝菜的风俗，这个风俗很多地方都有，特别是在江浙（Zhè）一带。主人一定要夹一些菜放在你的盘子里或者饭碗里。先是主人劝客人，接着主人的亲朋好友也开始代主人劝客。如果你第一次去女朋友家，全桌的人都会给你劝菜，你的饭碗里堆得满满的，你的鼻子碰着鲍鱼，眼睛碰着鸡丁，嘴唇上全糊着肉汁儿，简直吃不到一口米饭。

但是，主人认为好吃的菜，客人却不一定喜欢。十年前，我曾经做过一次客，饭碗堆满了鸡鸭鱼虾以后，我突然放下筷子，说吃饱了。直等到主人劝了又劝，我才说："那么，请给我换一碗白米饭来。"现在想起来，觉得当时很好笑。不过，直到今天，如果我再遇到同样的情况，一时急起来，说不定还会用同样的方法来应付呢！

（根据王力《劝菜》改编）

阅读理解练习 Reading comprehension

一、猜一猜句子里画线词语的意思
Guess the meaning of those underlined words

1. 直等到主人<u>劝了又劝</u>，我才说："那么，请给我换一碗白米饭来。"
2. 先是主人劝客人，接着主人的<u>亲朋好友</u>也开始代主人劝客。
3. 现在想起来，觉得当时很<u>好笑</u>。
4. 如果我再遇到同样的情况，一时急起来，<u>说不定</u>还会用同样的方法来应付呢！

二、选择正确答案 **Choose the correct answer**

1. 中国人吃饭_____。
  A. 喜欢互相帮助   B. 总是跟亲朋好友一起吃
  C. 用筷子   D. 不能自己夹菜

2. 在江浙一带_____。
  A. 主人给客人夹客人喜欢的菜
  B. 亲朋好友帮助主人劝菜
  C. 常常吃鲍鱼鸡丁
  D. 客人不应该吃米饭

3. 作者_____。
  A. 不喜欢和别人一起吃一盘菜，喝一碗汤
  B. 吃饭的时候喜欢讲笑话
  C. 觉得鲍鱼鸡丁不是好吃的菜
  D. 觉得劝菜的风俗不太好

4. 作者放下筷子不吃了，因为_____。
  A. 他吃饱了
  B. 他想让主人劝他继续吃
  C. 他很好笑
  D. 他想让主人知道他想吃白米饭

第9课　劝　菜

三、根据课文内容完成下列对话

Complete the dialogue according to the reading passage

A：今天你去女朋友家做客，来了很多客人吧？

B：是啊，_____。

A：中午吃饭，他们全家人都很热情吧？

B：是啊，先是_____，接着，_____。
　　我的碗里_____。

写作 Writing

任务一　Task 1　场景描写 Scene description

在汉语里，描写一个场景的时候，常常用到下面的三个语法结构。

In Chinese the following three patterns are often used to describe a scene.

☑ **句式一：Place + verb 着 + sth.**
　例：电影院里坐着很多人。

☑ **句式二：Subject + verb 得 + adjective phrase**
　例：这部电影很好看，看的人很多，
　　　电影院里坐得满满的。

☑ **句式三：sb. + 在 + verb**
　例：他在看电影，看得很入迷。

S 样本 (sample)

1. 他这几天在写论文，桌子上堆着书，地上摆（bǎi / to place）着书，床上放着书，到处都是书，简直进不去他的房间。
2. 你的饭碗里堆得满满的，你的鼻子碰着鲍鱼，眼睛碰着鸡丁，嘴唇上全糊着肉汁儿，简直吃不到一口米饭。

请你参考指定的词语描写一下海边的场景。

Please try to describe a seaside scene with the given words below.

☑ 处所词语 place nouns
　沙滩上　天上

☑ 动词 verb

放　飘　长　立　飞　游泳　聊天儿　玩

☑ 形容词 adj.

白　蓝　黄　高　开心

☑ 普通名词 nouns

云　船　自行车　椰子树　太阳伞　牌子　海鸥　沙子

第9课　劝　菜

任务二 Task 2　通过自己的经历表达看法的转变 Illustrating your change of opinion based on personal experiences

话题 (Topic)：风俗习惯

STEP 1　聊一聊 Have a conversation

用下面的词语和句式与同学们一起讨论下面的几个问题：
Discuss the following questions with your classmates. Try to use the given words and patterns.

1. 在你们国家，招待客人有什么风俗？
   - ☑ 句式：① 如果……就……　② sb.$_1$ 请 sb.$_2$ + verb　③ sb.$_1$ 给 sb.$_2$ + verb
   - ☑ 词语：风俗　主人　客人　亲朋好友　菜　汤　米饭　邀请

2. 这些风俗你觉得有趣吗？有没有你不太喜欢的地方？
   - ☑ 句式：① 因为……所以……　② 只要……就……　③ 越来越 adj.　④ 显得 + adj.
   - ☑ 词语：享受　轻松　愉快　麻烦　不一定　情况　往往　表示

3. 你有没有挑战（tiǎozhàn / to challenge）过这些风俗？
   - ☑ 词语：遇到

STEP 2　写一写 Write

根据你们的讨论，介绍你们国家的某个风俗，并说一说你的看法。最好也用一个自己或朋友的经历来说明。

Based on your discussions, please introduce a custom in your country and talk about your opinion of it. You'd better illustrate your points by using personal experiences of yours or your friend's.

参考课文的组织方式：
the organization of the text:

第一段：
  指出风俗并做详细介绍。
  (Present the custom and give details.)

中国人吃饭有劝菜的风俗，这个风俗很多地方都有，特别是在江浙一带。
……………………………………………
……………………………………………

第二段：
  提出自己的看法。
  (Present your own opinion about the custom.)

但是，主人认为好吃的菜，客人却不一定喜欢。
……………………………………………
……………………………………………

第三段：
  引用自己的经历。
  (Cite your own experience.)

十年前，……
……………………………………………
……………………………………………
……………………………………………

第四段：
  反思自己的经历。
  (Give your reflection on your experience.)

现在想起来，觉得……
……………………………………………
……………………………………………
……………………………………………

第10课 中国人

配套资源

词语 Vocabulary

1.	橄榄球	gǎnlǎnqiú	（名）	rugby (football), American football
2.	付（钱）	fù（qián）	（动）	to pay

男孩子和女孩子约会的时候，男孩子应该替女孩子付钱吗？

| 3. | 土地 | tǔdì | （名） | soil, acres, land |

我爱这一片土地——我的祖国。

| 4. | 拼命 | pīn mìng | （副） | to do something desperately |

你别那么拼命地工作，要注意身体健康。

| 5. | 赚钱 | zhuàn qián | （离） | to make a profit, to gain money |

① 丈夫要赚钱，妻子要照顾家里的生活。你同意吗？
② 去年，他赚了很多钱，去了很多地方旅行。

| 6. | 搬家 | bān jiā | （离） | to move, to move house |

我下个星期搬家，搬到学校外面去。

| 7. | 亲戚 | qīnqi | （名） | relative |
| 8. | 其中 | qízhōng | （代） | among (which, them, etc.), in (which, it, etc.) |

他的公司里有很多雇员，其中，女雇员有300多人。

| 9. | 莫名其妙 | mòmíngqímiào | （语） | to be unable to make head or tail of something, to be baffled |

① 他今天突然告诉我说，我伤害了他的自尊心，我觉得莫名其妙。
② 上课的时候，他不停地打断老师的话，别的学生都莫名其妙地看着他。

| 10. | 家庭 | jiātíng | （名） | family |

我希望有一个幸福的家庭。

| 11. | 渐渐 | jiànjiàn | （副） | gradually |

① 雨渐渐地小了。
② 在他的帮助下，我的汉语水平渐渐提高了。

| 12. | 钱包 | qiánbāo | （名） | wallet, purse |

103

13. 怎么搞的	zěnme gǎo de	（语）	What a way to run a railway! How come...
	① 你是怎么搞的？为什么又迟到了？		
	② 不知道怎么搞的，最近老觉得他很讨厌。		
14. 外交部长	wàijiāo bùzhǎng	（语）	the Minister of Foreign Affairs
15. 财政部长	cáizhèng bùzhǎng	（语）	the Minister of Finance, Treasury Secretary
16. 交	jiāo	（动）	to hand over, to deliver
	我把作业交给老师了。		
17. 零花钱	línghuāqián	（名）	pocket money
18. 妇女	fùnǚ	（名）	woman
19. 坚持	jiānchí	（动）	to insist on
	① 我坚持我的意见。		
	② 虽然身体不舒服，但是，他仍然坚持去公司上班。		
20. 争取	zhēngqǔ	（动）	to strive for, to fight for
	① 我还不知道我下个星期有没有空儿，不过，我争取来参加聚会。		
	② 这个机会很难得，你应该争取一下儿。		
21. 权利	quánlì	（名）	right, some right or advantage enjoyed by common consent
	这是我的权利，你管不着。		
22. 箱子	xiāngzi	（名）	a box, a chest, a coffer, a suitcase
23. 放弃	fàngqì	（动）	to give up
	① 别放弃，任何人都可能遇到困难，你要对自己有信心。		
	② 这是一个难得的机会，一定不要放弃。		
24. 出色	chūsè	（形）	outstanding, excellent
	他是一个出色的画家，他用画儿表达自己对世界的看法。		
25. 允许	yǔnxǔ	（动）	to permit, to allow
	我不允许你这样说话，要尊重别人。		
26. 理直气壮	lǐzhí-qìzhuàng	（语）	to be in the right and self-confident
	① 你为什么说话的时候总是理直气壮的？		
	② 你要请他帮忙，可是，听起来，你在理直气壮地命令他。他怎么会高兴呢？		
27. 吓	xià	（动）	to frighten, to scare
	① 我们藏起来，吓吓他，看他找不到我们会不会哭。		
	② 老师突然说，明天要考试，我们都吓了一跳。原来，他是和我们开玩笑。		
28. 尊重	zūnzhòng	（动）	to value, to esteem
	每个人都需要得到别人的尊重。父母也要尊重孩子，老师也要尊重学生。		

第 10 课　中国人

词语练习　Vocabulary exercises

选词填空 Select the appropriate word to fill in the blank

> 理直气壮　莫名其妙　允许　钱包　拼命
> 赚钱　尊重　放弃　出色　亲戚　吓

一个有钱人喝着可乐，躺在椅子上晒（shài / to bask in the sun）太阳，心情很不错。突然，他看到一个乞丐，也喝着可乐，躺着晒太阳。

有钱人觉得乞丐很不像话（unacceptable），他得责备责备他。于是，他（　　）地对乞丐说："老兄，请（　　）我给你一点儿建议（jiànyì / suggestion）。你的（　　）里还有几块钱？天气这么好，你为什么不去要钱呢？唉……你啊，应该抓紧时间，有了钱以后呢，做点儿小生意，花个十年八年，等生意做好了，再来享受啊！"

乞丐问他："朋友，你在干什么？"

有钱人觉得有点儿（　　），可是，他还是回答说："我在晒太阳啊！"

乞丐问："那么我呢？"

有钱人说："你也在晒太阳啊。"

乞丐说："是啊。你看，你（　　）工作了那么多年，可是，现在你和我得到的是一样的啊，我们唯一（wéiyī / the only one）的不同是，你有一张 30 块钱的椅子。"

有钱人听了以后，有点儿糊涂。他想，是啊，我工作是做得很（　　），公司的同事们也都很（　　）我。可是，我每天这么忙碌（mánglù / busy），（　　）了很多的休息时间，甚至几个月都不跟（　　）朋友见面。我为了什么？不就是为了多（　　）吗？可是赚了钱以后我做什么呢？旅游？——晒太阳！想到这里，他（　　）了一跳。

是啊，朋友们，我们为什么不轻松一些呢？还是现在就去晒太阳吧，不要等有了钱才去。

阅读 Reading

中国人

如果你看到一堆人在一起抢一只橄榄球,他们是美国人。如果你看到一堆人在一起洗澡,他们是日本人。如果你看到一堆人在抢着付钱,他们是中国人。

传统上,中国人最喜欢的东西就是土地。中国人拼命工作以后,如果赚了钱,就会立刻买一块地。因为中国人非常爱土地,所以"搬家"这件事就不常发生。大家老住在一个地方,时间长了,前后左右都是亲戚。英文里只有一个uncle,中国人却有五种不同的uncle,其中包括:

伯伯(bóbo)——爸爸的哥哥

叔叔(shūshu)——爸爸的弟弟

姑父(gūfu)——爸爸的姐姐或妹妹的丈夫

姨父(yífu)——妈妈的姐姐或妹妹的丈夫

舅舅(jiùjiu)——妈妈的哥哥或弟弟

有件事说起来中国男人自己也莫名其妙——从中国大家庭渐渐变成小家庭以后,中国丈夫的钱包不知道怎么搞的,都到太太手里了。现代的中国家庭一般是这样的:丈夫是外交部长,太太是财政部长,丈夫每个月把工资交给太太,太太给他一些零花钱。

当然,中国妇女并不坚持争取更多的权利。如果在机场你愿意为一位中国女人提箱子的话,她不会拒绝;如果你在火车上给一个中国女孩儿让座的话,她也会放弃拒绝的权利。中国女性最可爱的地方是:她们不管是做家庭主妇还是教授,都干得非常出色。

传统的中国人是不允许你有私生活的。他理直气壮地问年轻女孩儿的年龄,甚至问你为什么要跟长得不错的丽丽分手。不过,这些都是吓你的,那种中国人现在快要找不到了。在很多地方,中国人也渐渐地试着了解外国人,并且尊重外国人的生活习惯了。

(根据张晓风《三个人里面聪明的那个》改编)

第10课　中国人

阅读理解练习　Reading comprehension

一、猜一猜句子里画线词语的意思
Guess the meaning of those underlined words

1. 如果你看到一堆人在一起<u>洗澡</u>，他们是日本人。
2. 传统上，中国人拼命工作以后，如果赚了钱，就会<u>立刻</u>买一块地。
3. 丈夫每个月把<u>工资</u>交给太太，太太给他一些零花钱。
4. 如果在机场你愿意为一位中国女人<u>提</u>箱子的话，她不会拒绝。
5. 如果你在火车上给一个中国女孩儿<u>让座</u>的话，她也会放弃拒绝的权利。
6. 她们不管是做<u>家庭主妇</u>还是教授，都干得非常出色。
7. 传统的中国人是不允许你有<u>私生活</u>的。

二、判断正误　True or false

☐ 1. 美国人喜欢抢橄榄球。
☐ 2. 日本人喜欢很多人在一起洗澡。
☐ 3. 中国人一起去饭店吃饭，大家各付各的钱。
☐ 4. 中国人喜欢土地，所以常常搬家，有更多的土地。
☐ 5. 中国人的家里，一般是太太管钱。
☐ 6. 中国妇女很独立，不喜欢让别人帮忙。
☐ 7. 中国女性都能成为很出色的教授。
☐ 8. 传统的中国人不尊重外国人的生活习惯。

三、根据课文内容连线 Match the two columns according to the passage

传统的中国人　　　　　　丈夫赚钱

　　　　　　　　　　　　丈夫管钱

　　　　　　　　　　　　太太管钱

　　　　　　　　　　　　喜欢关心别人的私生活

现代的中国人　　　　　　开始尊重外国人的生活习惯了

　　　　　　　　　　　　喜欢土地

　　　　　　　　　　　　喜欢大家庭

　　　　　　　　　　　　不常常搬家

四、回答问题 Answer the questions

1. 根据课文，中国女性有什么样的特点？（但是　不管……都　渐渐）
2. 你有没有遇到中国人对你们国家有着"刻板印象"（stereotyped image）？你有什么看法？

写作 Writing

任务一　Task 1　表达变化 Expressing a change

在汉语里，如果要表达一种变化，常常在句子的末尾用"了"。

In Chinese if you want to express some changes, you can use the particle 了 at the end of a sentence.

☑ 例子

1. 中国丈夫的钱包不知道怎么搞的，都到太太手里了。

　　（原来不在太太手里 → 现在在太太手里）

2. 那种中国人现在快要找不到了。

　　（原来找得到 → 现在找不到）

3. 中国人也渐渐尊重外国人的生活习惯了。

　　（原来不尊重 → 现在尊重）

如果写文章的时候，你这样用"了"的话，就好像你在跟朋友聊天儿一样，有一种当时当地的感觉。

When you write an essay and use "了" in this way, you will sound like you are chatting with a friend right here right now.

请用下面的段落句式，描写一下你、你的朋友或者你们国家最近的一些变化。

Please write down some changes that have happened to you, your friends or your country recently. Try to use the given patterns.

☑ 句式：①说起来……　②不管……都……　③并且……

....

....

....

....

....

任务二 Task 2　聊天儿式写作 Writing like chatting

话题 (Topic)：我眼中的……（如：日本人）

STEP 1　聊一聊 Have a conversation

用指定的词语和句式与来自不同国家的同学一起讨论下面的问题：

Discuss about the following questions with your classmates from different countries. Try to use the given words and patterns:

1. 日本人（美国人、法国人……）有什么特点？
   ☑ 句式：① 如果……，他们是……　② 如果……，就会 / 不会……
   ☑ 词语：风俗　主人　客人　亲朋好友　菜　汤　米饭　邀请

2. 传统的日本人（美国人、法国人……）有什么特点?
   - ☑ 句式：① 因为……所以…… ② 不管……还是……，都……
   - ☑ 词语：享受 轻松 愉快 麻烦 不一定 情况 往往 表示

3. 现在他们有什么变化?
   - ☑ 词语：渐渐 并且 甚至

4. 日本（美国、法国……）妇女在社会上的地位
   - ☑ 词语：拼命 赚钱 家庭 权利 放弃 拒绝 零花钱 生活习惯 家庭主妇 职业女性（career women）

5. 家庭里的关系
   - ☑ 词语：尊重 平等

更多有趣的线索（More funny clues）

1. 有人说，世界上最幸福的人，要住美国房子、娶（qǔ / to marry）日本妻子、家里有中国厨师、开德国汽车、戴瑞士（Ruìshì / Switzerland）手表、穿法国衣服……

2. 在一列火车上，一个车厢里坐着四个人：一个俄国人，一个古巴人，一个美国商人和一个美国律师。

   　　路上，俄国人拿出一瓶伏特加（Fútèjiā / vodka），给每个人倒了一杯，然后把剩下的半瓶扔到窗外去了。

   　　"你这样做，太浪费（làngfèi / to waste）了吧？"美国商人惊讶地说。

   　　"没关系，俄国有的是伏特加，我们根本喝不完。"俄国人骄傲（jiāo'ào / proud）地回答。

   　　过了一会儿，古巴人拿出几根哈瓦那雪茄（Hāwǎnà xuějiā / Havana cigar）分给大家，他自己也点了一根。可是，抽了几口他就扔了。美国商人又惊讶地问："我想，古巴的经济并不是很好吧？你为什么把这么好的雪茄扔了呢？"

   　　古巴人一点儿也不在乎地说："在古巴，一毛钱可以买一打（dá / dozen）雪茄呢。"

   　　美国商人沉默（chénmò / to be silent）了一会儿，突然站起来，抱（bào / to hold up）起身边的美国律师，把他扔出了窗外。

第 10 课　中国人

STEP 2　写一写 Write

根据你们的讨论，请尽量仿照课文，用一种幽默诙谐的口吻介绍你们国家的人。

Based on your discussions, write an essay in a humorous style to introduce the typical characteristics of the people from your country.

……………………………………………………………………………………………………
……………………………………………………………………………………………………
……………………………………………………………………………………………………
……………………………………………………………………………………………………
……………………………………………………………………………………………………
……………………………………………………………………………………………………
……………………………………………………………………………………………………
……………………………………………………………………………………………………

部分练习参考答案

第 1 课

词语练习 Vocabulary exercises

选词填空 Select the appropriate word to fill in the blank

1. 这些事儿，你不用（解释），我们都明白。
2. 不忙的时候，我喜欢上网和朋友（聊天儿）。
3. （约会）的时候，应该男孩子花钱吗？
4. 10 点的飞机，我们 6 点从学校（出发）。
5. 你不要（担心），没事儿，他一定行。
6. 孩子的要求太多了，妈妈不能都（答应）。
7. 他（看起来）很生气，不知道为什么。
8. 那个孩子（眼睛）大大的，很明亮。
9. 今天是我的生日。朋友们送给我的生日礼物（lǐwù / gift）我都非常喜欢，（特别是）小王的礼物。
10. 昨天很冷，我没穿大衣，（结果）感冒了。

阅读理解练习 Reading comprehension

一、选择正确答案 Choose the correct answer

1. 那天晚上的电影几点开始？
   A. 六点半   B. 五点   C. 五点半   D. 六点三刻

2. 大卫迟到（chídào / to be late）了多长时间？
   A. 三个小时   B. 半个小时   **C. 十五分钟**   D. 三刻钟

3. 大卫用了多长时间才到电影院？
   A. 三个小时   B. 半个小时   C. 一个半小时   **D. 一个小时四十五分钟**

二、判断正误 True or false

错 1. 大卫认识了一个外语学院的学生，他们认识了一个月了。
错 2. 大卫请张红看电影，张红很高兴。
错 3. 大卫坐的那辆公共汽车坏了，大卫很生气。

三、回答问题 Answer the question

1. 大卫和张红第一次聊天儿，聊了多长时间？

   大卫和张红第一次聊天儿，聊了三个小时。（动词+时量+宾语）

2. 张红为什么答应大卫一起看电影？

   可能因为他们一起聊天儿聊得很高兴。

3. 张红在电影院等大卫，等了他多长时间？

   张红等了他四十五分钟。（动词+代词宾语+时量）

   张红等大卫等了四十五分钟。（动词+宾语+动词+时量）

4. 略

5. 略

四、根据课文内容完成下列对话 Complete the dialogues based on the reading passage

1. 跟朋友聊天儿

   大卫：昨天晚上，我在酒吧认识了一个女孩子。

   朋友：看起来，认识她让你很高兴。她很漂亮吧？

   大卫：她长得很漂亮，特别是她的眼睛，大大的，黑黑的，非常明亮。

2. 道歉（dào qiàn / to apologize）

   大卫：对不起，我来晚了。

   张红：没关系。路上堵（dǔ / to block up）车吗？

   大卫：不是，我坐的那辆公共汽车半路坏了，我跑过来的。

   张红：那你一定很累吧？

   大卫：我不累。对不起，让你等了这么长时间。你不要生气啊。

   张红：没事儿，我不生气。现在已经六点三刻了，我们快进电影院吧。

3. 跟同屋聊天儿

   同屋：你怎么这么早就回来了？今天晚上不是有约会吗？

   大卫：是啊，我们一起看了电影。可是，看完电影后，我请她一起喝咖啡，她没答应。所以，我只好回来了，不知道她是不是不喜欢我。

   同屋：别担心，你明天再给她打电话吧。

第2课

词语一练习 Vocabulary exercises

选词填空 Select the appropriate word to fill in the blank

1. 我们要学习最（标准）的汉语。

2. 请把那盘菜（端）上来吧。
3. 第一次和男朋友约会，她很（紧张）。
4. 真（奇怪），已经 8:30 了，他怎么还没来？
5. 这个菜的（味道）我很喜欢。
6. 买衣服的时候，你最好先（试）穿一下。

阅读一理解练习 Reading comprehension

一、选择正确答案 Choose the correct answer

1. "我"为什么让朋友点可乐？
   A. 因为"我"喜欢喝可乐
   B. 因为"我"不会说汉语
   C. 因为朋友的汉语说得很好

2. "我"为什么很紧张？
   A. 因为"我"第一次说汉语
   B. 因为"我"担心服务员不喜欢"我"
   C. 因为"我"的发音不太标准

3. 服务员为什么端来了扣肉？
   A. 因为"我"点了扣肉
   B. 因为"我"的发音不标准，服务员听错了
   C. 因为扣肉的味道很好

二、判断正误 True or false

错 1. 扣肉味道很好，"我"很高兴。
错 2. "我"的汉语说得不好，所以，"我"不好意思。
错 3. 因为"我"的朋友笑了，所以，服务员也笑了。

三、回答问题 Answer the questions

1. 请说一说："我"的心情有什么样的变化？点可乐以前，"我"怎么样？点可乐的时候呢？点可乐以后呢？

   点可乐以前，"我"不好意思说汉语。点可乐的时候，"我"很紧张。点完可乐以后，"我"非常高兴。但是知道自己发音不标准，服务员听错了，"我"感到不好意思。

2. "我"的汉语说得怎么样？

   "我"的汉语说得不太标准。（verb 得 + adj.）

四、根据课文内容完成下列对话 Complete the dialogues based on the reading passage

A：你帮我要一瓶可乐吧？
B：你已经学了一个月汉语了，自己试试吧。

A：我不知道怎么说。你教我吧。

B：好，我教你。"我要一瓶可乐。"

A："我要一瓶可乐。""我要一瓶可乐。"

B：对，你说得不错，别紧张，试试吧。

A：好，我试试！服务员，我要一瓶可乐。

词语二练习 Vocabulary exercises

选词填空 Select the appropriate word to fill in the blank

1. 那个（售货员）不喜欢他的工作，（怪不得）他总是对客人不太客气。
2. 美国人觉得我们不应该（谦虚），应该觉得自己什么都是最好的。
3. 他们刚认识就开始约会，你不觉得（惊讶）吗？
4. 孩子病了，妈妈（连忙）送他去医院。
5. 我喜欢坐（火车）旅行（lǚxíng / to travel），不喜欢坐飞机。
6. 你给我打电话，（或者）发 E-mail，都可以。

阅读二理解练习 Reading comprehension

一、选择正确答案 Choose the correct answer

1. "我"在哪里？
   A. 火车站　　　　B. 商店　　　　C. 教室
2. 售货员觉得"我"的汉语怎么样？
   A. 马马虎虎　　　B. 不错　　　　C. 奇怪
3. "我"怎么让售货员明白了"我"的意思？
   A. 大声说　　　　B. 又说了一遍　　C. 用英语

二、判断正误 True or false

错 1. "我"的汉语说得不错，可是"我"很谦虚。

错 2. 售货员的英语都说得不错。

对 3. 售货员听了"我"的话，很惊讶。

三、根据课文内容填空 Fill in the blanks with words based on the reading passage

昨天，我去一（家）商店买东西。我（大声）对售货员说："你们好！"一个售货员（惊讶）地说："你的汉语真不错。"然后，我告诉她我要买"纸火车笔"。没想到，她听不懂。原来，我的发音不（标准），我应该说"（或者）"，可是，我说的是"火车"。真不好（意思）！

第3课

词语—练习 Vocabulary exercises

选词填空 Select the appropriate word to fill in the blank

1. 虽然是朋友，可是他们的关系不太（亲密）。
2. （回答）问题的时候，请你大声一点儿。
3. 在问路的时候，应该怎么（称呼）别人呢？
4. 我（从来）不吃狗肉。
5. 有问题的话，请（直接）问我，（任何）问题都可以问。
6. 在（公司）里，常常只有一个（老板），但有很多（雇员）。
7. 那个老师很喜欢跟学生（谈话），可是学生们都不喜欢他，因为他总是（皱着眉头）。

阅读—理解练习 Reading comprehension

一、选择正确答案 Choose the correct answer

1. 老板为什么不喜欢称呼雇员的名字？
   A. 因为他在公司里
   B. 因为他不喜欢跟雇员太亲密
   C. 因为雇员只称呼他的姓

2. John 为什么在老板的办公室里？
   A. 因为老板想知道他的姓。
   B. 因为他要和老板有亲密的关系。
   C. 因为老板要和他谈话。

二、判断正误 True or false

对 1. 老板只喜欢称呼雇员的姓，不喜欢称呼他们的名字。
错 2. 老板想和他的雇员关系亲密一些。
对 3. 新来的雇员喜欢老板称呼他的名字。
错 4. 新雇员不舒服（shūfu / comfortable），所以他叹气。

三、回答问题 Answer the questions

1. 老板为什么最后直接称呼新雇员的名字？

　　这个老板从来<u>不直接称呼雇员的名字</u>，他觉得<u>显得太亲密</u>，可是，新雇员<u>姓 Darling</u>，如果称呼他的姓，就<u>显得更亲密了</u>，所以，<u>这个老板只好称呼新雇员名字了</u>。

2. 你觉得老板直接称呼雇员的名字好不好？为什么？

　　我觉得老板直接称呼雇员的名字没问题，因为<u>显得比较亲密</u>。特别是<u>有新雇员</u>的时候，如果老板称呼他名字，就可能<u>让他不紧张，愿意为他工作</u>。

部分练习参考答案

词语二练习 Vocabulary exercises

选词填空 Select the appropriate word to fill in the blank

1. 他会说四种（语言）。
2. 那个（姑娘）又漂亮又（温柔），很多人都想和她结婚。
3. 怎么回事？请你（详细）地解释一下。
4. 他的（下巴）长得很像他的妈妈。
5. 春节的时候，有很多（忌讳），你说话要小心。
6. 我的（邻居）是个很（时髦）的人，她经常帮助我。
7. 那家饭店的服务员很（热情），所以，我们都很喜欢去那里吃饭。
8. 你的（方向）错了，你应该向东走。

阅读二理解练习 Reading comprehension

一、选择正确答案 Choose the correct answer

1. 下面哪个称呼已经落伍了？
   A. 小姐　B. 同志　C. 女生　D. 姐姐
2. 现在，"男生"是对（　　）的称呼。
   A. 年轻男人　B. 男人　C. 老男人　D. 老大爷
3. 这个时代，人们喜欢（　　）。
   A. 年纪大　B. 年轻　C. 赶时髦　D. 巧克力
4. 如果你称呼一个姑娘"阿姨"，她可能觉得（　　）。
   A. 热情　B. 温柔　C. 奇怪　D. 不高兴

二、判断正误 True or false

对 1. 从一个人的语言上，可以看出来这个人是不是赶时髦。
对 2. 每个时代的称呼都有每个时代的特点。
对 3. 对别人的称呼，可能会影响（yǐngxiǎng / to influence）到他对你的态度（tàidù, attitude）。
错 4. 老太太都喜欢托着下巴说话。
错 5. 年轻姑娘不热情，可是很温柔。
错 6. 赶时髦的姑娘会详细地告诉别人怎么走。

三、根据课文内容填空 Fill in the blanks with words based on the reading passage

在现在的这个（时代），大家都喜欢"小"，（忌讳）年纪大。在路上，你碰到一个（姑娘），称呼她"小姐"，她可能就会很（热情）地帮助你；对一个（赶时髦）的60岁老太太，你也可以对她说："你们女生都应该温柔一点儿。"她听了也一定不会（奇怪），因为对她来说，"你们女人"这个说法可能已经太（落伍）了。

117

写作任务三：

教师节到了，霍格沃茨（Hogwarts School）的学生们都给自己喜欢的老师送花。几乎每个人都收到了红玫瑰，可是斯内普教授只收到一束康乃馨。他抱着这束康乃馨站在楼梯口大声地喊："难道我长得丑，就只能收到康乃馨吗？"喊完以后，他看看下面的楼道，发现满头白发的邓不利多校长抱着一束更大的康乃馨，呆呆地望着他。

第4课

词语—练习 Vocabulary exercises

选词填空（Select the appropriate word to fill in the blank）

1. 那个电影很（精彩），我们都很喜欢。
2. 我今天不能去公司，你（替）我告诉老板，好吗？
3. 虽然我喜欢他，可是，我是一个姑娘，怎么能主动向他（表白）呢？
4. 这个问题应该怎么回答呢？你给我一点儿（启发）吧。
5. 电影马上就要开始了，可他坐的车半路坏了，真替他（着急）。
6. 中国的老师常常让学生（背）课文。他们觉得这是学习语言的好办法。
7. 我们（赶紧）跑吧，快来不及了。
8. 请你帮我把这张桌子（抬）过去，好吗？

阅读—理解练习 Reading comprehension

一、选择正确答案 Choose the correct answer

1. 小刘和小梅是什么关系？
   A. 他们关系不太好
   B. 他们是同事，在同一家公司上班
   C. 小刘喜欢小梅，小梅不喜欢他

2. 小刘为什么很高兴？
   A. 他看到了很有意思的书
   B. 他喜欢小梅很久了
   C. 他找到了表白的办法

二、判断正误 True or false

对 1. 小刘很希望和小梅谈恋爱。
错 2. 同事们不希望小刘和小梅谈恋爱。
对 3. 书上的男孩儿向女孩儿求爱（to pay court to sb.）的方法很精彩。

对 4. 小刘听了故事后，受到了启发。
错 5. 小梅不认识路。

三、根据课文内容填空 Fill in the blanks according to the reading passage

小刘和小梅是（同事），他们在同一家公司上班。小刘（偷偷）地喜欢小梅很久了，可是他一直不好意思（表白）。我（替）他着急，想了一个办法帮助他。我给他讲了一个表白的故事，想给他一些（启发）。小刘听完这个故事以后，非常（高兴），他决定也用同样的办法向小梅表白。可是，他失败了。

词语二练习 Vocabulary exercises

选词填空 Select the appropriate word to fill in the blank

1. 他是一个很（内向）的人，从来也不告诉别人他的（秘密）。
2. 上中学的时候，不可以（谈恋爱）吗？
3. 没有人听他说话，他（默默）地离开了。
4. 十年过去了，我（仍然）爱着他，可是，他已经结婚了。
5. 要多（鼓励）孩子，这样，孩子才能对自己有信心（xìnxīn / confidence）。
6. 请不要生气，这是我最（心爱）的东西，我不能给你。
7. 我练习了几遍，（终于）会说了。
8. 请把那本书（递）给我。
9. 如果你爱一个人，你（敢）向他表白吗？
10. 快（收拾）东西，我们马上要出发了。

阅读二理解练习 Reading comprehension

一、选择正确答案 Choose the correct answer

1. 他为什么从来没有谈过恋爱？
   A. 他没有遇到自己喜欢的女孩儿
   B. 他不想谈恋爱
   C. 他太内向了

2. 大四的时候，他怎么认识了一个女孩儿？
   A. 他上自习的时候遇到的
   B. 他的朋友给他介绍的
   C. 女孩儿给他写了一张纸条

3. 后来，他为什么决定告诉女孩儿自己喜欢她？

　　A. 他太喜欢那个女孩儿了，忍不住（rěnbuzhù / can't help）要告诉她

　　B. 他知道快毕业了，得马上告诉她

　　C. 他的朋友们鼓励他

二、判断正误 True or false

错 1. 女孩儿只看过他的背影，不知道他长什么样子。

对 2. 女孩儿可能同意做他的女朋友。

错 3. 女孩儿从来没注意过他。

三、回答问题 Answer the questions

1. 故事里的男孩儿为什么决定向女孩儿表白？（在……的鼓励下）

　　在朋友的鼓励下，他终于做了决定。

2. 故事里的男孩儿为什么不和女孩儿一起离开教室？

　　他太内向了，不知道怎么样跟女孩儿聊天儿，不敢和女孩儿一起出去。

四、根据课文内容完成下列对话 Complete the dialogues based on the reading passage

A：都大四第二学期了，你怎么还那么努力？天天去上自习。说，是不是有什么秘密？

B：是，我上学期在113教室学习，注意到一个女孩儿。那个女孩儿也一直在113教室上自习，而且，每次都坐在我前面。我越来越喜欢她了。

A：哦，你已经喜欢她很久了！那就快表白吧。

B：我不敢啊，也不知道怎么表白。

A：别怕，我来帮你。今天晚上你可以给她递一个纸条儿，告诉她你喜欢她。

B：好吧，谢谢你的鼓励。

第5课

词语练习 Vocabulary exercises

选词填空 Select the appropriate word to fill in the blank

1. 奶奶（去世）了，爷爷很（寂寞），每天皱着眉头叹气。有一天，他去咖啡馆，认识了一个老奶奶。爷爷一下子爱上了她。可是，爷爷是一个很（害羞）的人，他不敢向她表白，也不敢告诉别人，一直把这个秘密（藏）在心里。过了一个月，爷爷的朋友终于（发现）了他的秘密，给了他很多鼓励。于是，爷爷（鼓足勇气）告诉了老奶奶。现在，爷爷（恢复）了他的快乐。

2. 在那家公司工作，（实在）太忙了，每天都得工作到很晚，老板还常常找我谈话。所以，我每天的（心情）都不好。我担心如果长时间这样，（恐怕）要生病。于是，我（决定）

换一个（轻松）一点儿的工作。昨天，我去了老板的办公室，告诉他我要离开。老板听了以后，（表情）非常惊讶地说："什么？很多人都（抢）着来我的公司，可是，你要离开！"我回答说："这个公司（的确）不错，可是，对我不合适（héshì / suitable），我想过快乐的生活。"

阅读理解练习 Reading comprehension

二、选择正确答案 Choose the correct answer

1. 我把母亲接过来一起住，因为 _____。
   A. 我很寂寞
   B. 我希望母亲帮我的忙
   C. 父亲去世了，我心情不好
   D. 母亲很寂寞 ✓

2. 我很忙，因为 _____。
   A. 我的学校离家很远，每天要开车上下班
   B. 我一边工作，一边读博士 ✓
   C. 我又要教学生，又要带孩子
   D. 我要自己做饭

3. 我从来没对母亲说过谢谢，因为 _____。
   A. 我觉得不用感谢自己的母亲
   B. 我不敢说
   C. 我没有时间说
   D. 我不好意思说 ✓

4. 母亲 _____。
   A. 很喜欢做饭，每天抢着做饭
   B. 很厉害（lìhai / tough），我很怕她
   C. 喜欢在厨房里唱歌
   D. 在父亲去世后，很寂寞 ✓

四、根据课文内容填空 Fill in the blanks with words based on the reading passage

　　爱人去世后，女儿把我<u>接过来一起住</u>。她每天很忙，上午<u>在学校里教课</u>，下午去当<u>学生</u>，所以，<u>我总是抢着帮她做饭</u>，让她<u>轻松一些</u>。每天有很多事做，我觉得不那么寂寞了，可是，我的心情一直不太好。今天中午，女儿突然<u>对我表示感谢</u>，我才知道自己<u>对女儿那么重要</u>，我也该<u>快点儿恢复</u>快乐，不要一直不开心。

第6课

词语练习 Vocabulary exercises

选词填空 Select the appropriate word to fill in the blank

1. 我很希望能去（拜访）一下那个画家，听说他是（世界上）最有名的画家。
2. 很多树都（结果）了，秋天一定会有很多苹果。
3. 你希望做一个（普通）人，还是做一个名人？
4. 工作不是一切，要学会（享受）生活。
5. 有一颗（美丽）的心，比有一张漂亮的脸，更重要。你同意吗？

6.（够）了，别说了。我听腻（nì / be bored with）了。

7.（临）睡觉前，喝一杯牛奶。这样，你就能很快睡着了。

8.很多人说，（过程）比结果更重要，你觉得呢？

9.他用了（一辈子）的时间才发现，有钱并不一定就有（幸福）。

阅读理解练习 Reading comprehension

一、选择正确答案 Choose the correct answer

1. 我小时候学习画画儿，因为_____。

    A. 我想长大后成为画家   B. 爸爸让我画

    C. 有老画家帮我

2. 现在我_____。

    A. 是一个画家   B. 还喜欢画画儿

    C. 仍然想成为一个画家

3. 老画家_____。

    A. 一有空儿就画画儿   B. 小时候很享受人生的快乐

    C. 认为画画儿只要觉得快乐就够了

4. 老画家觉得_____。

    A. 他画画儿的时候很快乐   B. 做快乐的人比当画家更重要

    C. 玫瑰和郁金香因为不能结果，所以更漂亮。

二、判断正误 True or false

错 1. 只有普通人，心里才有快乐。

对 2. 有的画家在画画儿的过程中能享受人生的快乐。

错 3. 父亲和老画家是朋友。

三、根据课文内容完成短文 Complete the short paragraph based on the reading passage

　　今天，有一个父亲带孩子来拜访我，那个孩子画画儿画得很不错。我最高兴的是，他画画儿的时候觉得很快乐。现在，有很多孩子不喜欢画画儿，只是因为父母想让他们当画家，他们才画的。我鼓励这个孩子继续画画儿，而且，一定要在画画儿的过程中，享受人生的快乐。因为有了快乐，人生才有幸福。

部分练习参考答案

第7课

词语一练习 Vocabulary exercises

用词语一里的生词填空 Select the words from vocabulary part one to fill in the blanks

我是一个护士，我的工作是（照顾）病人（bìngrén / a patient）。病人和他们的家人大都很（友好）。可是，有时候，他们也很（麻烦），不能（理解）我的工作。比如，我很忙，每天（需要）照顾的病人多（达）十几个，不能一直只照顾一个人。有的病人就（不停）地叫我，（直到）我来到他的面前。有的病人有点儿（糊涂），我说的话他好像（完全）听不懂，我得解释很长时间。工作一天，我总是觉得很累，有时候（反应）都变慢了。下班回到家，只想（洗澡）以后就睡觉。可是，我依然很喜欢我的工作。我也说不（清楚）是为什么。

阅读一理解练习 Reading comprehension

一、请把这个人的情况填在表格里 Fill in the form with the information from the passage to show the symptoms of the person

正面的情况 Positive symptoms	如果你叫他的名字，他会有一点儿反应；一般很友好；很快乐
负面的情况 Negative symptoms	不能说话、听不明白别人的话、不停地叫、分不清楚谁是谁、不能照顾自己、不能走路、会突然大哭起来
这种情况多久了 How long has he been like this?	6个月
老师的困惑 The teacher's confusion	不能完全理解他，常常找不到他哭的原因

二、判断正误 True or false

错 1. 心理学老师有一个儿子，生病了。
错 2. 这个人听不见。
对 3. 这个人常常哭。
错 4. 这个人会大叫，因为他不太友好。

词语二练习 Vocabulary exercises

用词语二的生词填空 Select the words from vocabulary part two to fill in the blanks

要做一个好老师，你需要有爱心和（耐心）。学生在回答问题的时候，不要（打断）他们；学生做错了，千万不要（嘲笑）他们，也不要（责备）他们；学生遇到了问题（不知所措）的时候，要给他们鼓励，想办法（支持）他们自己找到答案；学生（难过）的时候，要（千方百计）地想办法让他们高兴起来。

阅读二理解练习 Reading comprehension

二、选择正确答案 Choose the correct answer

1. 父母希望孩子_____。
   A. 帮他们系鞋带　　　　　B. 对他们耐心一点儿
   C. 教他们新科技

2. 父母不希望孩子_____。
   A. 帮他们洗澡　　　　　　B. 责备他们
   C. 支持他们

3. 孩子小时候_____。
   A. 父母对他们很耐心　　　B. 父母从来不责备他们
   C. 父母常常打断他们的话

三、看课文完成句子 Complete the sentences based on the passage

1. 小时候，我不会系鞋带，妈妈手把手地教我。
2. 小时候，在我睡觉以前，妈妈千百遍地重复那个故事，直到我睡着。
3. 小时候，我不喜欢洗澡，妈妈千方百计地哄我洗澡。
4. 小时候我喜欢问为什么，妈妈没有嘲笑我，耐心地回答我的每一个"为什么"。
5. 妈妈带我们走上人生路，现在，我们要陪她走完最后的路。

第8课

词语一练习 Vocabulary exercises

选词填空 Select the appropriate word to fill in the blank

我的妈妈很爱（唠叨），无论什么（事情），她总要（提醒）我该做这个了，不该做那个了，（甚至）我该不该请某个同事来参加我的生日聚会，她都要管。我觉得我应该有自己的（隐私），可是，妈妈和我的（看法）不同。唉，跟妈妈一起生活，虽然可以不用做家务，可是，心情并不太（轻松），我还是自己租一间房子住吧。

阅读一理解练习 Reading comprehension

二、选择正确答案 Choose the correct answer

1. 中国人在公司里_____。
   A. 同事之间的关系都很亲密
   B. 一点儿隐私都没有
   C. 互相关心很多个人的生活问题

2. 跨国公司里的中国人_____。

   A. 都很爱说话

   B. 喜欢问同事有没有结婚

   C. 一般不会问同事每个月挣多少钱

3. 中国人_____。

   A. 结婚的时候，会请同事喝酒、吃糖

   B. 如果生病了，要请同事来家里看自己

   C. 工作的环境都很和谐

三、回答问题 Answer the questions

1. 为什么在很多中国公司里，同事间互相关心生活方面的事情？（甚至）

   因为中国人都喜欢和谐的工作环境，也就是说同事间的关系轻松、愉快，甚至亲密。

2. 在跨国公司里，中国人的观念已经发生了什么变化？和国外还有什么不同？（在……方面）

   在跨国公司里，人际关系有了新的变化。在隐私方面，年轻人的看法跟国外差不多一样了，但是，在实际相处时还有很多中国特色，比如爱"唠叨"。

四、给这篇文章加个标题 What title would be good for the passage

   中国公司的人际关系

词语二练习 Vocabulary exercises

选词填空 Select the appropriate word to fill in the blank

1. 他是个很（直率）的人，心里想什么就说什么。

2. 批评（pīpíng / to criticize）别人的时候，还是（委婉）一点儿比较好，给他留点儿面子。

3. 女孩子可以不可以（主动）请男孩子去喝咖啡？

4. 不要（伤害）他，他是我最好的朋友。

5. 这是我自己的事情，请你不要（管）。

6. 如果在路上遇到了你非常（讨厌）的人，你会（问候）他吗？

7. 要学会正确地（表达）自己的感情。

8. 你（提）的这个意见非常好，我们一定改。

9. 人应该有（自尊心）。可是，（自尊心）太强，也不太好。

10. 人虽然是自由的，可是也得有一定的（约束），不能想干什么就干什么。

阅读二理解练习 Reading comprehension

二、判断正误 True or false

对 1. 中国人会主动向好朋友提意见。

125

错 2. 美国人很直率，常常向朋友提意见。

错 3. 中国人向朋友提意见时，一般很委婉。

错 4. "我"在中国的第一个冬天，中国朋友让"我"多穿衣服，因为"我"穿得真的太少了。

错 5. 现在，如果有中国朋友对"我"说"你做的菜太咸了"，"我"会觉得他很讨厌。

三、根据课文内容连线 Match the two columns according to the reading passage

中国朋友

a 主动给朋友提意见或建议
b 怕伤害朋友的自尊心
c 关心朋友的衣食住行
d 不敢对朋友说实话
e 给朋友温暖的约束
f 给朋友自由
g 常常说出心里的真实想法
h 不爱唠叨

美国朋友

四、回答问题 Answer the questions

1. 中国人为什么常常向朋友提意见？（……，是为了……）

   中国人常常向朋友提意见，是为了朋友好。

2. 美国人为什么一般不给自己的朋友提意见或说实话？（因为……，就……）

   因为他们怕伤害朋友的自尊心或者怕朋友讨厌，就不敢说实话。

3. "我"对中国朋友的唠叨有什么看法？（不仅仅……，还……）

   "我"觉得中国朋友的唠叨很好，因为爱不仅仅是给他绝对的自由，还要给他温暖的约束。

第9课

词语一练习 Vocabulary exercises

选词填空 Select the appropriate word to fill in the blank

1. 老师在批评孩子的时候，一定要注意自己说出来的话，不能让孩子觉得受到了（侮辱）。
2. 你总是（指责）别人不好，为什么不想想自己有没有问题？
3. 你（递）给父母或老师、老板东西的时候，应该用双手。
4. 他们两个人聊天儿聊得很高兴，别人都（插）不上话。
5. 你给我（盛）的米饭太多了，我吃不完。

部分练习参考答案

阅读一理解练习 Reading comprehension

二、完成表格 Fill in the form

用筷子的忌讳	原因
用筷子指人	好像在指责别人
在盘子里来来回回地找菜	别人会觉得你没有教养
用一只筷子去插盘子里的菜	别人会觉得你在侮辱一起吃饭的人
把一副筷子插在米饭上递给对方	只有给死人上香的时候才会这样做
用筷子敲打盘碗	只有乞丐才这样做

词语二练习 Vocabulary exercises

选词填空 Select the appropriate word to fill in the blank

1. 我（劝）你赶紧给他解释一下。要不然，他真生气了。
2. 这几天是结婚的好日子，他的桌子上（堆）了很多喜糖。
3. 李老师病了，张老师今天给他（代）课。
4. 这里有很多玻璃（bōli / glass）做的东西，你小心一点儿，别把它们（碰）坏了。
5. 第一次用筷子（夹）东西的时候，我很紧张。
6. 他的家没有门也没有窗，墙上（糊）着报纸，太穷了。
7. 每一家公司都有自己的文化，也可以说是一种（精神）。
8. 公司的每一个雇员，都要有（合作）精神，因为一个人（应付）不了所有的情况。
9. 这是个美丽的（传说），精美（jīngměi / exquisite）的石头会说话。
10. "入乡随俗"的意思是，去任何一个地方，都要按照那个地方的（风俗）习惯说话办事。
11. 春天来了，（到处）都是花儿，漂亮极了。
12. 突然遇到这样的情况，我（一时）不知道该怎么办。
13. 又要照顾孩子，又要工作，我（简直）忙死了。

阅读二理解练习 Reading comprehension

二、选择正确答案 Choose the correct answer

1. 中国人吃饭_____。
   A. 喜欢互相帮助　　　　　　　　B. 总是跟亲朋好友一起吃
   C. 用筷子　　　　　　　　　　　D. 不能自己夹菜

2. 在江浙一带_____。
   A. 主人给客人夹客人喜欢的菜　　B. 亲朋好友帮助主人劝菜
   C. 常常吃鲍鱼鸡丁　　　　　　　D. 客人不应该吃米饭

3. 作者_____。

   A. 不喜欢和别人一起吃一盘菜，喝一碗汤　　B. 吃饭的时候喜欢讲笑话

   C. 觉得鲍鱼鸡丁不是好吃的菜　　D. 觉得劝菜的风俗不太好

4. 作者放下筷子不吃了，因为_____。

   A. 他吃饱了　　B. 他想让主人劝他继续吃

   C. 他很好笑　　D. 他想让主人知道他想吃白米饭

三、根据课文内容完成下列对话 Complete the dialogue according to the reading passage

A：今天你去女朋友家做客，来了很多客人吧？

B：是啊，她的亲朋好友来了好多。

A：中午吃饭，他们全家人都很热情吧？

B：是啊，先是她的爸爸妈妈给我夹菜，接着，她的亲戚们也帮忙劝菜。我的碗里堆满了鸡鸭鱼虾。

第10课

词语练习 Vocabulary exercises

选词填空 Select the appropriate word to fill in the blank

一个有钱人喝着可乐，躺在椅子上晒（shài / to bask in the sun）太阳，心情很不错。突然，他看到一个乞丐，也喝着可乐，躺着晒太阳。

有钱人觉得乞丐很不像话（unacceptable），他得责备责备他。于是，他（理直气壮）地对乞丐说："老兄，请（允许）我给你一点儿建议（jiànyì / suggestion）。你的（钱包）里还有几块钱？……"

乞丐问他："朋友，你在干什么？"

有钱人觉得有点儿（莫名其妙），可是，他还是回答说："我在晒太阳啊！"

乞丐问："那么我呢？"

有钱人说："你也在晒太阳啊。"

乞丐说："是啊。你看，你（拼命）工作了那么多年，可是，现在你和我得到的是一样的啊，我们唯一（wéiyī / the only one）的不同是，你有一张30块钱的椅子。"

有钱人听了以后，有点儿糊涂。他想，是啊，我工作是做得很（出色），公司的同事们也都很（尊重）我。可是，我每天这么忙碌（mánglù / busy），（放弃）了很多的休息时间，甚至几个月都不跟（亲戚）朋友见面。我为了什么？不就是为了多（赚钱）吗？可是赚了钱以后我做什么呢？旅游？——晒太阳！想到这里，他（吓）了一跳。

是啊，朋友们，我们为什么不轻松一些呢？还是现在就去晒太阳吧，不要等有了钱才去。

阅读理解练习 Reading comprehension

二、判断正误 True or false

- 错 1. 美国人喜欢抢橄榄球。
- 对 2. 日本人喜欢很多人在一起洗澡。
- 错 3. 中国人一起去饭店吃饭，大家各付各的钱。
- 错 4. 中国人喜欢土地，所以常常搬家，有更多的土地。
- 对 5. 中国人的家里，一般是太太管钱。
- 错 6. 中国妇女很独立，不喜欢让别人帮忙。
- 错 7. 中国女性都能成为很出色的教授。
- 对 8. 传统的中国人不尊重外国人的生活习惯。

三、根据课文内容连线 Match the two columns according to the passage

传统的中国人 —— 丈夫赚钱
　　　　　　　　丈夫管钱
　　　　　　　　太太管钱
现代的中国人 —— 喜欢关心别人的私生活
　　　　　　　　开始尊重外国人的生活习惯了
　　　　　　　　喜欢土地
　　　　　　　　喜欢大家庭
　　　　　　　　不常常搬家

四、回答问题 Answer the questions

1. 根据课文，中国女性有什么样的特点？（但是　不管……都　渐渐）

   根据课文，中国女性在家里是财政部长，管家里的钱；但是，她们也不拒绝别人的帮助，如果火车上有人给她们让座，或者在机场有人要帮她们提箱子，她们也很愿意接受帮助；她们不管是做家庭主妇还是教授，都干得非常出色。现在，她们也渐渐地试着了解外国人，并且尊重外国人的生活习惯了。

2. 略

词汇总表

A

1.	阿姨	āyí	（名）	aunt	（3）
2.	按照	ànzhào	（介）	in accordance with, in (the) light of, in terms of	（8）

B

3.	拜访	bàifǎng	（动）	to make (or pay) a visit to somebody	（6）
4.	搬家	bān jiā	（离）	to move, to move house	（10）
5.	帮助	bāngzhù	（动/名）	to help; help	（2）
6.	鲍鱼	bàoyú	（名）	abalone, ear shell	（9）
7.	背	bèi	（动）	to learn and recite something by heart	（4）
8.	背影	bèiyǐng	（名）	the sight of one's back, figure viewed from behind	（4）
9.	比如	bǐrú	（动）	for example, for instance, such as	（6）
10.	笔	bǐ	（名）	a pen, a pencil, a brush-pen, any writing instrument	（2）
11.	标准	biāozhǔn	（形）	standard	（2）
12.	表白	biǎobái	（动）	to express (or state) clearly, to bare one's heart	（4）
13.	表达	biǎodá	（动）	to express; to give one's voice to	（8）
14.	表情	biǎoqíng	（名）	a facial expression, an emotional expression	（5）
15.	表示	biǎoshì	（动）	to show, to express	（5）
16.	博士	bóshì	（名）	a doctor (an academic degree)	（5）
17.	不停	bù tíng	（语）	continuously; without a single halt	（7）
18.	不知所措	bùzhīsuǒcuò	（语）	to be at a loss, to be at one's wit's end	（7）

C

19.	财政部长	cáizhèng bùchǎng	（语）	the minister of Finance, Treasury Secretary	（10）
20.	藏	cáng	（动）	to hide, to conceal	（5）

21.	曾经	céngjīng	（副）	once, used to	（9）
22.	插	chā	（动）	to stick in	（9）
23.	差不多	chàbuduō	（形/副）	close; almost, nearly	（8）
24.	嘲笑	cháoxiào	（动）	to mock at, to laugh at	（7）
25.	重复	chóngfù	（动）	to repeat, to duplicate	（7）
26.	称呼	chēnghu	（动/名）	to call, to name; a form of address	（3）
27.	成为	chéngwéi	（动）	to become, to turn into	（6）
28.	盛	chéng	（动）	to fill, to ladle	（9）
29.	尺	chǐ	（量）	a unit of length equal to one-third meter	（9）
30.	出发	chūfā	（动）	to set off	（1）
31.	出色	chūsè	（形）	outstanding, excellent	（10）
32.	厨房	chúfáng	（名）	kitchen	（5）
33.	除了	chúle	（连）	besides, except	（5）
34.	传达室	chuándáshì	（名）	a janitor's room, an information bureau	（4）
35.	传说	chuánshuō	（名/动）	tale; It is said … or I'm told (that) …	（9）
36.	从来	cónglái	（副）	always, at all times, all along	（3）

D

37.	答应	dāying	（动）	to promise; to agree	（1）
38.	达	dá	（动）	to reach (a place or a figure such as a price or quantity)	（7）
39.	打断	dǎduàn	（动）	to interrupt, to interject	（7）
40.	代	dài	（动）	to take the place of	（9）
41.	带	dài	（动）	to carry, to take, to bring	（6）
42.	担心	dān xīn	（离）	to worry about	（1）
43.	当	dāng	（介）	when	（7）
44.	当初	dāngchū	（名）	originally, at first	（7）
45.	当时	dāngshí	（名）	at that time	（5）
46.	到处	dàochù	（名）	everywhere	（9）
47.	的确	díquè	（副）	indeed	（5）

48.	递	dì	（动）	to pass over; to hand over	（4）
49.	电影	diànyǐng	（名）	movie	（1）
50.	电影院	diànyǐngyuàn	（名）	cinema	（1）
51.	端	duān	（动）	to hold and carry something as if serving food	（2）
52.	堆	duī	（动/量）	to pile; a stack	（9）

F

53.	发现	fāxiàn	（动/名）	to discover, to find out; discovery	（5）
54.	发音	fāyīn	（动/名）	to pronounce; pronunciation	（2）
55.	反应	fǎnyìng	（动/名）	to react; a response	（7）
56.	方向	fāngxiàng	（名）	direction	（3）
57.	放弃	fàngqì	（动）	to give up	（10）
58.	分	fēn	（动）	to distinguish	（7）
59.	风俗	fēngsú	（名）	customs, manners	（9）
60.	付（钱）	fù(qián)	（动）	to pay	（10）
61.	妇女	fùnǚ	（名）	woman	（10）

G

62.	该怎么办	gāi zěnmebàn	（语）	How should (someone) do?	（1）
63.	赶紧	gǎnjǐn	（副）	hurriedly, post-haste	（4）
64.	赶时髦	gǎn shímáo	（语）	to follow the fashion	（3）
65.	敢	gǎn	（动）	dare	（4）
66.	感谢	gǎnxiè	（动）	to thank, to be grateful, to appreciate	（5）
67.	橄榄球	gǎnlǎnqiú	（名）	rugby (football), American football	（10）
68.	公司	gōngsī	（名）	company	（3）
69.	够	gòu	（动）	enough	（6）
70.	姑娘	gūniang	（名）	girl	（3）
71.	鼓励	gǔlì	（动/名）	to urge, to encourage; encourgement	（4）
72.	鼓足勇气	gǔzú yǒngqì	（语）	to call up all one's courage	（5）
73.	雇员	gùyuán	（名）	employee	（3）
74.	怪不得	guàibudé	（副）	[Informal] no wonder	（2）

75.	关心	guānxīn	（动）	to be concerned with, to show consideration for	（8）
76.	管理	guǎnlǐ	（动）	to manage, to administer	（8）
77.	过程	guòchéng	（名）	process	（6）

H

78.	哈哈大笑	hāhā dà xiào	（语）	to laugh out	（2）
79.	害羞	hài xiū	（形/离）	shy, bashful	（5）
80.	好像	hǎoxiàng	（副）	it seems	（9）
81.	合作	hézuò	（动）	to cooperate	（9）
82.	和谐	héxié	（形）	harmonious, agreeable	（8）
83.	哄	hǒng	（动）	to coax	（7）
84.	糊	hú	（动）	to stick or plaster with paste	（9）
85.	糊涂	hútu	（形）	confused, muddled, bewildered	（7）
86.	画家	huàjiā	（名）	a painter, an artist (in painting)	（6）
87.	坏	huài	（形）	to be broken, to go bad	（1）
88.	环境	huánjìng	（名）	environment, conditions, circumstances	（8）
89.	换	huàn	（动）	to exchange; to change	（3）
90.	恢复	huīfù	（动）	to restore, to recover, to regain	（5）
91.	回答	huídá	（动）	to answer	（3）
92.	火车	huǒchē	（名）	train	（2）
93.	或者	huòzhě	（连）	or	（2）

J

94.	鸡丁	jīdīng	（名）	diced chicken	（9）
95.	急忙	jímáng	（副）	in a hurry	（6）
96.	系	jì	（动）	to tie, to fasten, to bind	（7）
97.	记得	jìde	（动）	to remember	（7）
98.	忌讳	jìhuì	（名/动）	taboo; to avoid as taboo	（3）
99.	寂寞	jìmò	（形）	lonely, lonesome	（5）
100.	家庭	jiātíng	（名）	family	（10）
101.	夹	jiā	（动）	to clip or to press from both sides	（9）

102.	坚持	jiānchí	（动）	to insist on	（10）
103.	剪	jiǎn	（动）	to cut, to trim (with scissors, etc.)	（8）
104.	简直	jiǎnzhí	（副）	simply, virtually, almost	（9）
105.	渐渐	jiànjiàn	（副）	gradually	（10）
106.	讲	jiǎng	（动）	to tell, to explain	（4）
107.	交	jiāo	（动）	to hand over, to deliver	（10）
108.	教养	jiàoyǎng	（名）	upbringing	（9）
109.	结果	jiē guǒ	（离）	to bear fruit	（6）
110.	节	jié	（量）	a section, a length	（7）
111.	结果	jiéguǒ	（名）	a result, an outcome, an effect in the event, so that	（1）
112.	解释	jiěshì	（动）	to explain	（1）
113.	紧张	jǐnzhāng	（形）	nervous	（2）
114.	惊讶	jīngyà	（形）	surprised	（2）
115.	精彩	jīngcǎi	（形）	splendid, spectacular (performance, etc.)	（4）
116.	精神	jīngshén	（名）	spirit, mind, the essence of	（9）
117.	居然	jūrán	（副）	unexpectedly, to one's surprise	（5）
118.	决定	juédìng	（动/名）	to decide, to make up one's mind; decision	（4）
119.	绝对	juéduì	（副/形）	absolutely; absolute	（8）

K

120.	看法	kànfǎ	（名）	a way of looking at things, one's point of view	（8）
121.	看起来	kàn qilai	（语）	it looks like	（1）
122.	科技	kējì	（名）	science and technology	（7）
123.	恐怕	kǒngpà	（副）	probably, I'm afraid	（5）
124.	扣肉	kòuròu	（名）	Steamed Sliced Pork	（2）
125.	哭	kū	（动）	to cry	（7）
126.	跨国公司	kuàguó gōngsī	（语）	a transnational corporation	（8）
127.	快乐	kuàilè	（形）	happy, joyful	（6）
128.	筷子	kuàizi	（名）	chopsticks	（9）

L

129.	唠叨	láodao	（动）	to chatter	（8）
130.	老板	lǎobǎn	（名）	boss	（3）
131.	理解	lǐjiě	（动/名）	to understand; to comprehend; understanding, comprehension	（7）
132.	理想	lǐxiǎng	（名/形）	dream; ideal	（6）
133.	理直气壮	lǐzhí-qìzhuàng	（语）	to be in the right and self-confident	（10）
134.	连忙	liánmáng	（副）	promptly, at once, immediately (only for past events)	（2）
135.	聊天儿	liáo tiānr	（离）	to chat	（1）
136.	邻居	línjū	（名）	neighbor	（3）
137.	临	lín	（介）	just before	（6）
138.	零花钱	línghuāqián	（名）	pocket money	（10）
139.	另	lìng	（代）	another	（2）
140.	路	lù	（量/名）	route (for bus); road	（1）
141.	落伍	luò wǔ	（离）	behind the times	（3）

M

142.	麻烦	máfan	（动/形）	to trouble; troublesome, inconvenient	（7）
143.	马马虎虎	mǎmǎ-hūhū	（语）	just passable, just so-so	（2）
144.	玫瑰	méigui	（名）	a rose	（6）
145.	美丽	měilì	（形）	beautiful, pretty	（6）
146.	秘密	mìmì	（名）	confidentiality, secret	（4）
147.	明亮	míngliàng	（形）	well-lit, bright, brilliant, glittering	（1）
148.	命令	mìnglìng	（动/名）	an order; a command	（8）
149.	莫名其妙	mòmíngqímiào	（语）	to be unable to make head or tail of something; to be baffled	（10）
150.	默默	mòmò	（副）	quietly, silently	（4）

N

151.	耐心	nàixīn	（形/名）	patient; patience	（7）
152.	难过	nánguò	（形）	to feel miserable	（7）
153.	内向	nèixiàng	（形）	introverted	（4）

154.	腻	nì	（形）	to be bored with	（7）

P

155.	盘	pán	（量）	a tray, a plate, a dish	（2）
156.	陪	péi	（动）	to accompany	（7）
157.	碰	pèng	（动）	to bump, hit or collide against	（9）
158.	拼命	pīnmìng	（副）	to do something desperately	（10）
159.	普通	pǔtōng	（形）	ordinary, common, plain	（6）

Q

160.	其中	qízhōng	（代）	among (which, them, etc.); in (which, it, etc.)	（10）
161.	奇怪	qíguài	（形）	odd, strange	（2）
162.	乞丐	qǐgài	（名）	beggar	（9）
163.	启发	qǐfā	（动/名）	to inspire, to enlighten; edification, enlightenment	（4）
164.	千方百计	qiānfāng-bǎijì	（语）	in a thousand and one ways, by every possible means	（7）
165.	谦虚	qiānxū	（形）	modest, self-effacing, unassuming, humble	（2）
166.	钱包	qiánbāo	（名）	wallet, purse	（10）
167.	抢	qiǎng	（动）	to snatch, to rob, to rush	（5）
168.	悄悄	qiāoqiāo	（副）	quietly, on the quiet	（5）
169.	亲密	qīnmì	（形）	close, intimate	（3）
170.	亲戚	qīnqi	（名）	a relative	（10）
171.	轻松	qīngsōng	（形）	relaxed, free and easy	（5）
172.	清楚	qīngchu	（形）	clear, lucid	（7）
173.	情况	qíngkuàng	（名）	situation	（9）
174.	去世	qùshì	（动）	to pass away, to depart (from) this life	（5）
175.	权利	quánlì	（名）	right, some right or advantage enjoyed by common consent	（10）
176.	劝	quàn	（动）	to persuade, to advise	（8）

R

177.	让	ràng	（动）	to cause or to make someone do something	（2）
178.	热情	rèqíng	（形）	zeal, enthusiasm, ardour	（3）

179.	人际关系	rénjì guānxì	（语）	interpersonal relationship	（8）
180.	人生	rénshēng	（名）	life, human life	（6）
181.	任何	rènhé	（代）	any, whatever, whichever, all	（3）
182.	仍然	réngrán	（副）	still, as before, as usual, all the same	（4）
183.	日子	rìzi	（名）	day, time, duration	（5）
184.	肉汁儿	ròuzhīr	（名）	gravy	（9）

S

185.	洒	sǎ	（动）	to spill	（7）
186.	伤害	shānghài	（动）	to injure, to harm, to hurt	（8）
187.	上香	shàng xiāng	（离）	to burn incense	（9）
188.	甚至	shènzhì	（连）	even	（8）
189.	生气	shēng qì	（离）	to be angry	（1）
190.	时代	shídài	（名）	the times, the age, an epoch, an era	（3）
191.	时髦	shímáo	（形）	fashinable, vogue	（3）
192.	实在	shízài	（副/形）	really, truly; honest, true	（5）
193.	世界	shìjiè	（名）	world	（6）
194.	事情	shìqing	（名）	a matter, an affair	（8）
195.	试	shì	（动）	to try	（2）
196.	收拾	shōushi	（动）	to put things in order, to clear away, to clean up	（4）
197.	售货员	shòuhuòyuán	（名）	shop assistant	（2）
198.	随便	suíbiàn	（形）	to do at one's will	（8）

T

199.	抬	tái	（动）	to lift, to raise	（4）
200.	谈话	tán huà	（离）	to make conversations, to talk	（3）
201.	谈恋爱	tán liàn'ài	（语）	to be in love with	（4）
202.	叹气	tàn qì	（离）	to sigh	（3）
203.	讨厌	tǎoyàn	（动）	to loathe, to dislike	（8）
204.	特别	tèbié	（副）	especially	（1）
205.	特色	tèsè	（名）	a characteristic, a distinguishing feature	（8）

206.	提	tí	（动）	to mention, to propose	（8）
207.	提醒	tíxǐng	（动）	to remind	（8）
208.	替	tì	（动/介）	to take the place of; on behalf of	（4）
209.	同事	tóngshì	（名）	a colleague, a fellow worker	（4）
210.	偷偷	tōutōu	（副）	stealthily, secretly, covertly	（4）
211.	突然	tūrán	（形）	sudden; suddenly	（5）
212.	土	tǔ	（形）	unfashionable, to be out of style	（3）
213.	土地	tǔdì	（名）	soil, acres, land	（10）
214.	托	tuō	（动）	to hold in the palm of the hand	（3）

W

215.	外交部长	wàijiāo bùzhǎng	（语）	the Minister of Foreign Affairs	（10）
216.	外企	wàiqǐ	（名）	overseas-invested enterprise	（8）
217.	完全	wánquán	（副）	completely, absolutely, totally	（7）
218.	委婉	wěiwǎn	（形）	tactful, euphemistic	（8）
219.	为了	wèile	（介）	for the sake of, in order to	（5）
220.	味道	wèidào	（名）	taste	（2）
221.	温暖	wēnnuǎn	（形）	nice and warm	（8）
222.	温柔	wēnróu	（形）	gentle and soft, tender	（3）
223.	问候	wènhòu	（动）	to send one's regards to	（8）
224.	侮辱	wǔrǔ	（动）	to insult	（9）

X

225.	希望	xīwàng	（动/名）	to hope, to wish; hope, wish	（4）
226.	习惯	xíguàn	（名/动）	habit; to be accustomed to	（5）
227.	洗澡	xǐ zǎo	（离）	to take (or have) a bath	（7）
228.	喜酒	xǐjiǔ	（名）	ceremonial drinking at wedding, wedding feast	（8）
229.	喜糖	xǐtáng	（名）	sweet given on a happy occasion	（8）
230.	下巴	xiàba	（名）	the chin, a jaw	（3）
231.	吓	xià	（动）	to frighten, to scare	（10）
232.	嫌	xián	（动）	to dislike	（7）

#	词	拼音	词性	释义	课
233.	显得	xiǎnde	（动）	to look, to seem, to appear	（3）
234.	相处	xiāngchǔ	（动）	to get along with	（8）
235.	相反	xiāngfǎn	（动）	opposite, on the contrary	（8）
236.	箱子	xiāngzi	（名）	a box, a chest, a coffer, a suitcase	（10）
237.	详细	xiángxì	（形）	detailed	（3）
238.	享受	xiǎngshòu	（动）	to enjoy	（6）
239.	像……一样	xiàng……yíyàng	（语）	as....as	（6）
240.	笑话	xiàohua	（名）	a joke, a funny story	（9）
241.	鞋带	xiédài	（名）	a shoestring, a bootlace	（7）
242.	心爱	xīn'ài	（形）	beloved	（4）
243.	心理学	xīnlǐxué	（名）	psychology	（7）
244.	心情	xīnqíng	（名）	a mood, a frame of mind, a temper	（5）
245.	辛苦	xīnkǔ	（形）	hard, toilsome, painstaking	（5）
246.	幸福	xìngfú	（形/名）	happy; happiness	（5）
247.	需要	xūyào	（动/名）	to need, to want; need, demand	（7）

Y

#	词	拼音	词性	释义	课
248.	鸭	yā	（名）	duck	（9）
249.	研究生	yánjiūshēng	（名）	postgraduate	（4）
250.	眼睛	yǎnjing	（名）	eyes	（1）
251.	一辈子	yíbèizi	（名）	all one's life	（6）
252.	以后	yǐhòu	（名）	afterwards, then, hereafter	（1）
253.	以前	yǐqián	（名）	before (a point of time), ago, previously, formerly	（1）
254.	已经	yǐjīng	（副）	already	（1）
255.	一般	yìbān	（副）	generally, in general	（7）
256.	一时	yìshí	（副）	temporarily, for a short while	（9）
257.	一直	yìzhí	（副）	continuously, all the time	（1）
258.	意见	yìjiàn	（名）	an opinion, a suggestion, a comment	（8）
259.	隐私	yǐnsī	（名）	one's secrets, private matters one wants to hide	（8）
260.	应付	yìngfu	（动）	to handle, to cope with	（9）

261.	友好	yǒuhǎo	（形）	friendly	(7)
262.	于是	yúshì	（连）	thus, hence, consequently	(4)
263.	鱼	yú	（名）	fish	(9)
264.	愉快	yúkuài	（形）	happy, joyful	(8)
265.	语言	yǔyán	（名）	language	(3)
266.	郁金香	yùjīnxiāng	（名）	a tulip	(6)
267.	原来	yuánlái	（副）	to turn out to be, to turn out that	(7)
268.	原因	yuányīn	（名）	cause, reason	(7)
269.	约会	yuēhuì	（动/名）	to date; a date	(1)
270.	约束	yuēshù	（动）	to restrain, to restrict; restraint	(8)
271.	允许	yǔnxǔ	（动）	to permit, to allow	(10)

Z

272.	责备	zébèi	（动）	to blame, to condemn	(7)
273.	怎么搞的	zěnme gǎo de	（语）	what a way to run a railway! How come...	(10)
274.	着急	zháo jí	（形/离）	anxious	(4)
275.	照顾	zhàogù	（动）	to look after, to care for, to take care of	(7)
276.	照片	zhàopiàn	（名）	photo	(7)
277.	真实	zhēnshí	（形）	true, real	(8)
278.	争取	zhēngqǔ	（动）	to strive for, to fight for	(10)
279.	正确	zhèngquè	（形）	correct, right	(8)
280.	支持	zhīchí	（动/名）	to support, to advocate; support	(7)
281.	直到	zhídào	（动）	until, up to	(7)
282.	直接	zhíjiē	（形）	direct	(3)
283.	直率	zhíshuài	（形）	frank, candid	(8)
284.	只要	zhǐyào	（连）	as/so long as, provided that, if only	(6)
285.	纸	zhǐ	（名）	paper	(2)
286.	纸条	zhǐtiáo	（名）	a slip of paper	(4)
287.	指	zhǐ	（动）	to point at	(9)
288.	指责	zhǐzé	（动）	to accuse, to condemn	(9)

289.	终于	zhōngyú	（副）	at last, finally, eventually	（4）
290.	种	zhǒng	（量）	a kind, a sort, a type	（6）
291.	皱着眉头	zhòuzhe méitou	（语）	frown	（3）
292.	主动	zhǔdòng	（形）	active, free-will	（8）
293.	注意	zhùyì	（动）	to take notice of, to pay heed to	（4）
294.	赚钱	zhuàn qián	（离）	to make a profit, to gain money	（10）
295.	自习	zìxí	（动）	to study individually	（4）
296.	自由	zìyóu	（名/形）	freedom; free, unrestrained	（8）
297.	自尊心	zìzūnxīn	（名）	(sense of) self-respect	（8）
298.	尊重	zūnzhòng	（动）	to value, to esteem	（10）

重要语言点总表

介词/连词与动词的固定组合 Patterns of preposition word / conjunction word and verbs	我向他解释为什么迟到。	第1课
	因为迟到了，大卫向张红道歉。	第1课
	小刘决定向小梅表白。	第4课
	我能向你问个路吗？	第4课
	你怎么向朋友表示问候？	第7课
	我和他聊天儿。	第1课
	昨天大卫和张红约会了。	第1课
	他想和女孩子谈恋爱。	第4课
	我不喜欢和内向的人相处。	第8课
	美国人和中国人相反。	第8课
	我对售货员说："你们好！"	第2课
	我决定一进门就要对母亲表示感谢。	第5课
	父母对孩子要有耐心。	第7课
	老人可能对新科技新事物不知所措。	第7课
	我对你有意见。你不应该嘲笑我。	第8课
	你对孩子的约束太多了。	第8课
	这只是一种问候，表示对朋友的关心。	第8课
	同事们都替他着急。	第4课
	他给女孩子递了一张纸条。	第4课
	欢迎你们给我提意见。	第8课
	主人的亲朋好友开始代主人劝客。	第9课
兼语句	大卫请张红看电影。	第1课
	我让朋友点一瓶可乐。	第2课
	朋友教我说了一遍。	第2课
	你陪我一起去吧。	第7课
	哄孩子睡觉，太麻烦了。	第7课
	朋友还劝我"要多穿点儿"。	第8课

重要语言点总表

形容词重叠 Reduplicaion form of adjectives	她的眼睛，大大的，黑黑的，非常明亮。	第 1 课
结果补语 Resultative complements: Sb.+ V. + adj. Sb.+ V. + 完 / 着 / 到 / 在……	我说错了。	第 2 课
	朋友在人生路上走错了方向。	第 8 课
	售货员听明白了。	第 2 课
	饭碗堆满了鸡鸭鱼虾。	第 9 课
	我跑到电影院的时候，已经6点三刻了。	第 1 课
	我把菜洒到了自己的衣服上。	第 7 课
	女孩子看完纸条后，开始收拾书包，收拾好以后，她站起来，……	第 4 课
	他们一遍又一遍地重复你早已听腻的话。	第 7 课
	孩子睡着了。	第 7 课
	不能把筷子插在米饭上递给别人。	第 9 课
趋向补语 Directional complements	别的售货员都走过来了。	第 2 课
	小梅背着包跑过来，小刘赶紧跑过去。	第 4 课
	他常常会突然大哭起来，直到有人走过来。	第 7 课
	为了不让她觉得太寂寞，我们把她接过来，和我们一起住。	第 5 课
	小刘高兴地跳起来。	第 4 课
	我不敢看母亲的表情，急忙走进书房，拿了书，跑出了家门。	第 5 课
	好朋友应该把心里的真实想法都说出来。	第 8 课
	我突然放下筷子，说吃饱了。	第 9 课
趋向补语的引申用法 Extended usage of directional complements	售货员都哈哈大笑起来。	第 2 课
	病人常常会突然大哭起来。	第 7 课
	要是你换个称呼"小姐……"，她可能一下子变得温柔起来。	第 3 课
	现在想起来，觉得当时很好笑。	第 9 课
	如果我再遇到同样的情况，一时急起来，说不定还会用同样的方法来应付呢！	第 9 课
	有件事说起来中国男人自己也莫名其妙。	第 10 课
	这句话太精彩了，我要背下来。	第 4 课
	我悄悄地打开门，发现母亲已经在厨房忙上了。	第 5 课
	父母带我们走上人生路。	第 7 课
	当你看着我老去的时候，请不要难过，请理解我，支持我。	第 7 课

143

可能补语 Potential complements: V. 得 complement	菜太远了，怎么夹得着呢？	第9课
	简直吃不了一口米饭。	第9课
	那种中国人现在快要找不到了。	第10课
状态补语 Predicative complements: Sb./sth. + V. 得 + adj. Sb./sth. + V. + Object + V. 得 + adj.	她长得很漂亮。	第1课
	他的汉语说得真好。	第2课
	他们为什么要管我管得这么多呢？	第8课
	你的饭碗里堆得满满的。	第9课
	你为什么要跟长得不错的丽丽分手？	第10课
状语 Adverbial: Subject + adj. 地 + verb Subject + adv. 地 + verb Subject + phrase 地 + verb	一个售货员惊讶地说："你的汉语真好！"	第2课
	他跑过去，温柔地问："我可以向你问个路吗？"	第4课
	老画家高兴地说："只要有快乐，就够了。"	第4课
	他每晚默默地看着她的背影。	第4课
	他头都没抬地说："你先走吧，我还有几页书没看完。"	第4课
	妈妈手把手地教孩子系鞋带。	第7课
	妈妈千百遍地重复那个故事，直到孩子睡着。	第7课
	用筷子在菜盘里来来回回地找菜，是不可以的。	第9课
	他理直气壮地问小姐的年龄。	第10课
反问句 Rhetorical questions: 不是……吗？ 难道……吗？	难道母亲不想听女儿的感谢吗？	第5课
	中国人这种看法不是很正确的吗？	第8课
	我们难道不应该告诉他吗？	第8课
一……就……	我一走进去，就大声对售货员说："你们好。"	第2课
	我小时候很喜欢画画儿，一有空儿就画。	第6课
	一听我讲完，小刘就高兴地跳起来。	第4课
	我一打开门，母亲就笑着对我说："回来啦，快吃饭吧。"	第5课
如果 / 要是……（就）……	如果你对她说"同志……"，她可能不太热情，不太愿意帮你的忙。	第3课
	要是你换个称呼"小姐……"，她可能一下子变得温柔起来，详细地告诉你方向。	第3课
再不……就……	好着急啊！再不说，这句话恐怕就只好藏在心里了。	第5课
（不但）……而且 / 并且……	那个女孩儿也一直在那个教室上自习，而且，每次都坐在他前面。	第4课
	我很高兴照顾他，而且你们也会喜欢的。	第7课
	中国人也渐渐地试着了解外国人，并且尊重外国人的生活习惯了。	第10课

重要语言点总表

语言点	例句	课次
不仅仅……还……	爱不仅仅是给他绝对的自由，还要给他温暖的约束。	第8课
除了……（以外），还……	我当时除了教书以外，还在读博士。	第5课
不管……都……	她们不管是做家庭主妇还是教授，都干得非常出色。	第10课
不是……而是……	我仍然画画儿，但不是为了成为一个画家，而是在画画儿的过程中享受人生的快乐。	第6课
一边……一边……	母亲一边唱歌，一边做饭。	第5课
因为……就……	因为怕伤害朋友的自尊心或者怕朋友讨厌就不敢说真话。	第8课
……是为了……	中国人给朋友提意见，是为了表示他们的关心。	第8课
只要……就……	普通人只要心里有快乐，就可以有一个快乐美丽的人生。	第6课
只有……才……	只有乞丐才用筷子敲打要饭的碗。	第9课
……却……	主人认为好吃的菜，客人却不一定喜欢。	第9课
甚至	同事间的关系轻松、愉快，甚至亲密。	第8课
当……时/的时候，……	当我需要你帮我洗澡时，请不要责备我。	第7课
临……时/的时候	临走时，老画家鼓励我说："孩子，去做一个快乐的人吧。……"	第6课
S +（没）+ V. 过 + Object	他从来没有谈过恋爱。	第4课
	我为什么从来没有对母亲说过谢谢呢？	第5课
	我从来没有主动对朋友说过："你的头发太长了，应该剪了！"	第8课
	十年前，我曾经做过一次客，……	第9课
Sb. + Verb₁ 着 +（object）+ Verb₂	老板皱着眉头说："我从来不直接称呼任何人的名字。"	第3课
	小梅背着包跑过来了。	第4课
	我低头看着碗，终于鼓足勇气说："妈妈，我觉得自己好幸福……"	第5课
Sb. + 长/穿/戴 + 着 + 数量 NP Place + verb 着 + sth.	他长着一双漂亮的大眼睛。	第1课
	他戴着一顶蓝色的帽子。	第1课
	饭碗里盛着米饭。	第9课
……到处都是	中国人吃饭有劝菜的风俗，这个风俗到处都是。	第9课
动词 + 了 + 时量词 + 宾语 Verb + time-duration words + object	我学了一个月（汉语）了。	第1课
	我们聊了三个小时。	第1课
Sentence + 了 （变化义 change of state）	中国丈夫的钱包不知道怎么搞的，都到太太手里了。	第10课

145